PROVEN STRATEGIES FOR CAREGIVERS AND PROFESSIONALS TO MANAGE STRESS,
ANXIETY, AND COMPASSION FATIGUE

療癒次級創傷

助人工作者的自我療癒指南

HEALING
SECONDARY
TRAUMA

Trudy Gilbert-Eliot PhD

楚蒂・吉伯特-艾略特——著

陳映廷・陳怡君——譯

獻給我協助治療過的
一線救助人員與軍職人員：
能見證各位克服創傷的勇氣，
我深感榮幸。

推薦序
助人，也要關懷自己

衛生福利部心理及口腔健康司司長　諶立中

　　這是一本提醒第一線救助人員和助人工作者，好好關懷自己的指南。

　　近二十年來，國人對心理健康的關注日益提升，衛生福利部在二〇一三年改制時也設立「心理及口腔健康司」，專責心理健康促進等相關業務，並且與政府各部門合作，建構起綿密的「社會安全網」，扶持社會中的每一個個體，當他生活或所處環境出現危機時，能有一雙手適時出現，「接住」每一個需要關懷、幫助的個體。

　　然而，在接住每一個需要的同時，也代表這個社會上有許許多多第一線救助人員和助人工作者，正辛勤、負責地行使自己的專業，希望讓每一個人都安好。

雖非親身經歷，
但創傷卻帶來深遠的影響

今年四月，正當大家歡欣準備與家人團聚度過清明連假時，發生「〇四〇二臺鐵四〇八次列車事故」，當地緊急救援體系立即啟動，投入大量的軍警消人員、急診醫護人員、心理師、社工等助人工作者，在現場救災、協助亡者、撫慰生者、安撫家屬的過程中，部分人員為了以自己的專業支持他人，而強行壓抑自己內心的驚恐與害怕，在表達堅強的同時無法流露難過或哭泣的情緒，累積下來的巨大精神壓力，很可能會出現「次級創傷」，即便這些第一線救助人員和助人工作者不是親身經歷，但創傷卻會對他們帶來深遠的影響。

不只是災難事件的第一線工作人員，長期處理家暴、虐兒等社會福利事件的社工人員，也可能長期聽聞受虐者敘述所遭遇的暴力、不幸過程，而在腦海中留下難以抹滅的陰影，在某些時刻，會彷彿自己也是親身經歷的當事人，表現出驚恐害怕的心理、緊張的生理反應。

次級創傷是以「間接」的方式接觸到創傷事件，無論是聽到受創當事人對事件的描述，或是目擊事件、看到事件的影像，都有可能導致次級創傷，主要的症狀包括：易怒、

過度警覺、失憶、易受驚嚇、噩夢、失眠、性格大變、麻木感、逃避會引發創傷回憶的事物等。對多數人而言，創傷事件反映會在一段時間後改善，不會留下嚴重的後遺症、影響工作生活，但是有些人可能會在事件發生後持續三天以上的創傷後壓力症狀，甚至長達數個月，成為揮之不去的陰影。

　　上述的情形，在實務工作中皆可見，只是有些人的情況輕微、有些人的情況嚴重，《療癒次級創傷》這本書給每一位助人工作者最大的提醒：若不正視次級創傷，很容易引發後續心理健康的問題，或是反應在生理健康、人際關係等面向上，對自己的人生將帶來深遠的影響。

在往前走的過程中，
你將會發現自己煥然一新

　　《療癒次級創傷》是給助人工作者的實用策略指南，有助抒理壓力、焦慮，和慈憫耗竭等狀態，從自身情緒、內心想法、身體健康、人際關係各面向，分章詳細介紹，敘述可能的心理狀態或身體反應，並提供自我檢測量表，供讀者評估自身狀態，同時根據不同階段給予實際的分析建議與練習方針，讀者可以根據自身的需求，選擇自己最需要的章節閱讀、練習、修復，幫助自己走過創傷後的傷痕，長出新生。

　　總是在他人面前扮演「超人」角色、提供他人依靠的助人工作者，面對自己內心的脆弱，並不是件羞於見人的事，反而可以用更正面的態度來看待自己「可能已經受傷」的事實。透過本書的指引緩解自己，或是尋求正式管道的諮商協助，都是值得鼓勵的事。或許正如作者在結語所言：「就在往前走的過程中，你會發現自己變得更健康、更快樂，工作時煥然一新，還長出了助人的能力，同時也會真切地感受到：這就是自己最好的樣子」。

　　目前衛生福利部設有1925安心專線，提供二十四小時免費心理諮詢服務，也建置「心快活」心理健康學習平台，可查詢全國心理健康服務資源，同時民間各縣市生命線1995和張老師1980專線，也提供適當的心理支持服務。

　　正如同身體會感冒、生病一樣，心理也有感冒、生病的時刻，即便症狀不同，但科學上已證實生理和心理會互相影響，因此不論是身體或心理出狀況，都要積極尋求協助。

　　無論是因為工作所需眼見、耳聽，或是透過新聞媒體、網路的轉述，接收到可能讓自己受到創傷的事件，不管是第一線的救助人員和助人工作者，甚至是社會中的每一個人，都可以透過《療癒次級創傷》這本書，認識自己，了解自己，幫助自己走過創傷，成為更堅強、更美好的自己。

推薦文

感謝每一位助人工作者，
陪伴每個生命度過那段艱難的歷程

立法委員　王婉諭

　　二〇一六年，發生在我們家的不幸，一時之間，太多接踵而來的恐懼、無助、徬徨、未知，甚至是媒體輿論等，壓得我們喘不過氣。還好，當時有社福中心社工師即刻的協助，不論是面對遺體修復、媒體探詢、各方慰問，還有悼念物資的處理及安排，社工專業的同理心及居中協調，是那段時間中陪伴我們的溫暖力量。

　　也因為這段創傷，讓我深刻感受到助人工作者的辛苦，也讓我開始關心次級創傷（Secondary Trauma）的議題。次級創傷主要是指「助人工作者」協助、醫治個案的過程中，其實無形中對自己也帶來了很大的身心影響。如同書中提到，較常發生次級創傷的職業類別，包括醫護人員、社

工人員、照護人員、警消人員、NGO工作者、社福機構工作者等。

COVID-19疫情期間的醫護人員

　　在此次COVID-19疫情期間，在第一線面對患者的醫護人員，他們在精神與心理面臨的壓力，恐怕並非一般人所能想像。

　　過去曾有研究指出，二〇〇三年SARS時期，那些第一線接觸患者的醫護人員，憂鬱症發生率比非SARS病房高出十三倍，失眠發生率高出四倍，甚至有近三成的人，產生創傷後壓力症候群。部分醫護人員不幸遭到感染，四年後仍有語言記憶等困難。

　　雖然此次COVID-19疫情，和SARS時的處境、症狀不盡相同，但我相信在長達一年以上的防疫措施、治療患者的工作中，一線醫護人員都承擔了相當大身心壓力。面對COVID-19疫情升溫之際，至今我們仍沒有把握，這波疫情還會持續多久，在你我都不能鬆懈的同時，一線醫護人員更是心力交瘁。

　　相較於世界其他國家，台灣在過去一年半以來，能夠

擁有如常的生活，我們確實是幸運的。但是，這些歲月靜好，是靠著多少人替我們負重前行？

也因此，除了感謝之外，身為立法委員必須做得更多。我在國會審查紓困追加預算的過程中，與衛生福利部討論並提案促請部會，在疫情期間應更加留意防疫醫護人員的心理健康需求，不僅應於疫情期間主動提供協助，在疫情趨緩之後也應持續追蹤，避免醫護人員因為疫情的衝擊，而留下嚴重的創傷。

社會安全網政策下的社工人員

二〇二〇年以來，我在關注行政院「強化社會安全網計畫」的過程中，認識了許多一線的工作人員，他們大部分是社工專業背景，有些擔任家暴保護性案件的社工、自殺關懷訪視員、精神疾病患者的社區關懷訪視員，或是社安網政策下出現的「心理衛生社工」。

他們與我分享在實務現場的體會，助人工作者的所學與經驗，往往是內隱的、非常默會的，不一定能夠清楚地呈現或表達出來。也因此，他們的困境往往也是內隱的，不容易被發現。很多時候，一線社工人員往往硬著頭皮去做，例如一個人單槍匹馬地去家訪非自願案主。他們在助人過程留

下的傷口，大多藉由故事的傳遞，或是隨著現實生活中的困境解決而消逝。

面對一線社工人員的反映，我不斷地提出社會安全網的政策建言。尤其，社安網計畫希冀藉由單一專業，同時對自殺、暴力與精神疾病三項跨專業的議題，在醫療與社區實務工作都能駕輕就熟，明顯是脫離實務現場的政策設定，更無助於深化跨專業的合作模式。如今形同「社工安全網」的處境，中央決策者實應審慎檢討。

我認為，社安網在政策規劃上必須有跨專業的協力，依據不同的服務對象，設計職前與在職訓練，絕對是重要的，支持一線人員能有足夠的知能服務個案。此外，當傷口出現的時候，更應有充足且適格的個別督導，來協助一線人員處理內心的次級創傷。

太魯閣事件的家屬與生還者

二〇二一年四月二日，太魯閣號四〇八車次的悲劇發生，許多人和我一樣，在清明的週末中懷著一個忐忑的心，焦急的想從新聞上獲取更多資訊，希望所有受傷的人都能夠平安。

這場災難事件前後，除了釐清事故所發生的原因，以

及交通部門後續的檢討與責任歸屬外，我最關心的，其實還是這次事件對家屬、生還者、台鐵員工與救災人員的衝擊，以及他們需要的支持與協助。

這是一場台灣人的集體傷痛。從過去的經驗上來看，台灣社會在經歷重大災難，像是九二一大地震、八仙塵暴、普悠瑪事件等，在輿論的浪潮退去之後，家屬、生還者與救災人員即將面臨一段漫漫長路，非常需要以國家、社會整體的力量，提供他們長期且穩定的心理支持。

災後心理精神衛生的支持，完全不亞於生理上的醫療，兩者的功能同樣重要，缺一不可。災難心理衛生服務，並非僅限於心理層次的需求，而是全面的生活照護。而這些服務，也絕對不僅僅是短暫性的、一次性的諮商服務。也因此，它無法長期仰賴外縣市的服務人力。中央如何協助地方政府，與既有的服務體系、在地的社區網絡結合，才能貼近生活在不同地區的當事人的需求。

對於失去至親、身心靈遭遇嚴重創傷的生還者與家屬，首當其衝的可能是經濟、就業或就養上的生計困難，包含傷者後續的醫療、復健、聘請看護等費用，部分罹患身體疾病或慢性病的個案，也必須特別留意，適時提供疾病衛教及用藥指導、協助就醫。因此，除了長期提供心理層次的關懷，更需要地方社政、衛政、勞政、教育、犯罪被害人保護

協會等服務體系共同來協力，提供及時的轉介與支持。

　　這條漫漫的修復之路並不好走，政府在這個過程中，應該提供最堅定的支援。對此，衛福部啟動了太魯閣事件的心理重建計畫，將為期三年。但是，根據過去幾次類似事件的經驗，計畫往往未能好好落實。也因此，我在國會也將持續關注此專案的人力規劃、經費分配、協力單位、具體執行期程，希望盡可能敦促行政部門，建立長期可靠並保有隱私的心理支持服務。

災難事件下的救災人員

　　對於協助救難的軍、警、消防人員，由於目睹或經歷慘重死傷的現場，是嚴重的創傷後壓力症候群（PTSD）、次級創傷的高危險群。一如《火神的眼淚》劇中的細緻呈現，他們在救災工作結束後，可能持續出現的壓力反應，包括經驗重現、神經緊繃、逃避與麻木、惡夢連連、錯覺「回到過去」等等的狀況。

　　也因此，中央各部門如何積極協助前線的救援人員，長期可靠、保有隱私的心理諮商、輔導及精神醫療的資源，讓他們在回到原本的工作崗位後，能夠適時地尋求支持，至關重要。

　　然而，如同這本書所提到的，即使次級創傷確實存在，即使是在會接觸創傷的專業工作圈中，這個議題往往也不太被討論，警消單位可能有自己的職場文化，認為每個人會自己想辦法處理。

　　台灣也有類似的情況，二〇一八年普悠瑪事件後，曾經發生現場救難的消防員，事後疑似因為嚴重的PTSD，不幸走上絕路的憾事。對於救災現場一線人員的PTSD或次級創傷，至今仍不一定能得到適切的協助。

　　太魯閣事件後，一些基層警消同仁告訴我，面對日漸複雜、不同型態的災難與悲劇事件，其實仍有部分的警消主管階層，對於出勤後一線人員可能持續出現壓力反應的現象「不以為然」，並且用「我以前就是這樣走過來的」的態度，認為不需要心理諮商或治療的協助，甚至還可能私下嘲諷求助的同仁是「草莓」、「懦弱」。

　　對此，我在國會質詢時向內政部政務次長花敬群反映，警消主管階層應定期接受心理衛生相關訓練，逐步建立正確的認知，理解當部屬、幕僚人員遭遇類似的困境時，能夠具備足夠的意識，並且提供適當的支持。

　　同時，基層警消同仁也反映，對於災難事件後續的長期心理支持，希望衛福部能以專案方式提供縣市資源，地方警消機關則透過宣導、主動告知專案資源在哪裡，讓基層同

仁可以直接到衛福部專案提供的資源單位求助。並且基於個
資保護，衛福部不得將實際使用心理支持資源的人員名單，
提供給警消主管機關。

　　創傷、PTSD等經驗，是我們在人生歷程中，都可能遇
到的困境，不該因此被劃上草莓、懦弱的標籤。相關行政部
門何提供長期、穩定的支持，營造友善心理健康的職場環
境，並提供一線救災人員足夠的支持，是我持續關注的課
題，這也是我們的國家、我們的政府，責無旁貸的任務。

　　也期待能夠有更多像《療癒次級創傷》這樣的書，以
深入淺出的文字、具體的案例分享，讓更多人了解什麼是創
傷與次級創傷，讓你我、一線助人工作者，獲得社會更多的
理解與支持。

　　由衷感謝每一位助人工作者，陪伴每個生命度過那段
艱難的歷程。

關於次級療傷

　　創傷倖存者曾經歷生死交關的駭人事件，大家應該都同意，他們需要協助來處理心理上的衝擊。不過，對於間接接觸創傷事件所造成的影響，我們的概念才剛萌芽。

　　值勤時，急診醫護人員、軍警消人員等一線救助人員可能會直擊極端暴力的場面；治療師、緊急報案接線員和醫療照護人員心中可能會充斥著怵目驚心的畫面和描述；協助伴侶、家人或好友走出創傷的陪伴者同樣也可能會接收到創傷的資訊。如果你的角色符合上面的描述，那麼你可能也還沒意識到，其實接觸他人的創傷經驗，會讓自己的身心健康付出極大的代價。

　　次級創傷（secondary trauma）確實存在，也可能引發實際的症狀，但即使是在會接觸到創傷的專業工作圈中，大家也不太會討論這塊。可能警消單位和醫療院所有自己的職場文化，認為每個人會自己想辦法處理創傷的影響，如果備忘文件或是員工會議提到這件事，還可能會引起訕笑，或是有人會輕浮以對，於是大家只好把情緒悶在心裡。至於當事

人的伴侶或親人，則可能沒有資源或支援，來幫自己排解身為照顧者的情緒負擔。

　　雖然我自己是專業認證的心理治療師，可是在親身經歷過之前，也不是很瞭解次級創傷的概念。就在某個星期五，我正在處理一些雜事，這時接到了一通電話，對方要我趕去內華達州雷諾市的空軍國民警衛隊基地（Air National Guard Base），因為發生了墜機事件。而就在十天前，我人還在大規模槍擊事件的案發現場支援。我和這兩起事件的生還者待在一起，協助減壓輔導，傾聽創傷經歷，當時只要一閉上眼，聽到的故事全都歷歷在目。我吃不好也睡不好，甚至在過了幾個星期以後，還是需要特別費勁才能控制情緒。那時我深陷在悲傷的雲霧裡，情緒原始難控，整個人非常敏感，動不動就掉眼淚，可是我本來並不是愛哭的人，而且還嚴重失眠、食慾大減。

　　我試過找同事幫忙，可是他們並沒有接住我，所以我的心又關上了。他們明顯表現出不自在的樣子，然後會轉移

話題，沒有半句安慰的話，也沒有任何的關心詢問，於是我更加退縮，躲回自己的保護殼裡。就這樣又再過了幾個星期，我才開始向外尋求治療，踏上回歸正軌的旅程。

接下來的幾個月裡，我開始爬梳臨床文獻，想知道自己發生了什麼事，最後終於讓我找到了，那就是「次級創傷」。我把能找到的資料全都讀完，不久之後，我開辦工作坊討論這個現象，學員有治療師、護理師、兒福工作人員等，很多人在工作或私下照護他人時，都會面臨這個風險。我分享了自己的親身經歷，也分享了用過的自我照護工具。雖然有時候聽的人會感到不自在，但我還是繼續在大家面前侃侃而談，也在過程中更加療癒了自己。

如果前面有提到你的工作領域，或是身邊的人正在修復創傷，那麼你很可能也已經暴露在創傷之中了。或許你曾經懷疑過自己有受到影響，只是又說不太上來。這本書能幫助你認識這個課題，理解想法、感受、人際關係和身體健康可能會面臨到的各種影響。同時，也會提供最優的工具和最

佳的技能，讓大家在職場裡和生活中都能夠持續照顧他人、支持旁人，還能療癒、保護並鞏固自己的整體安康。

目錄

本書使用指南

　　每個人的創傷反應都不同，這屬於「個人」歷程。可以把這本書當作是地圖或是指南，依照自己的需求順位和步調來讀就可以了，所以不見得要從頭開始讀起（但是符合需求的話，自然是沒問題）。

　　看完第一章次級創傷的概述與影響之後，可以直接翻到最切身相關的章節。如果正在面臨憤怒、悲傷、崩熬（burnout）等情緒困擾，請參考第二章；第三章說明次級創傷會如何引發負面思考、自責等失衡的想法；第四章探討次級創傷對身體的影響；第五章著重強化親友連結、伴侶相處以及與自己的關係；第六章提供長保強健的建議，如果次級創傷是工作或生活環境的常在風險，那麼就格外需要留意。次級創傷的症狀可能會改變，過程中也可以視修復的狀況，選擇去翻閱不同的章節。

　　書中章節會搭配練習，將以目前的最佳臨床知識為本，教大家日常生活就能落實的健康策略。閱讀時，記得準備筆記本或日誌本來輔助，在上面完成書中練習（特別是

「深入探索」的練習，內含更深入的反思與自評技巧）。可以依照需求隨時重複練習，記得每次都要寫下日期，以利追蹤進度。要是覺得有些練習難度太高，先跳過也沒關係，等準備好了再回來完成就好。還有，過程中出現的想法、感受和反應記得都要記錄在筆記本上。

第一章

認識次級創傷

　　你想要改變人生的哪些地方呢？對於遭逢次級創傷的人來說，這句簡單的問題可能會有一長串的答案，不過，大多也可以化約成簡單的一句「我變得不像自己了」。

　　可能朋友會反應說你的社交行為改變了；家人要小心翼翼免得惹你生氣，伴侶必須分房睡——因為你會被惡夢驚醒；隨時都處在焦慮的狀態；只要出門整個人就變得神經兮兮；陷溺在自我批判的泥沼裡；病痛比以前更容易找上門，老是覺得精疲力盡。不論出現的症狀是什麼，又是如何影響自己、家人、朋友、工作等面向，都不免讓你懷疑到底能不能找回創傷前的自己。

　　不過，這本書要大聲的告訴你：「我們可以！」

　　當然，目標不是要完全重拾以往的感受，而是要在經歷創傷的洗禮之後，激賞自己的成長，且變得更加強大堅韌，同時還會學到新的技能，找到新的人生意義。

　　修復之路並不好走，但我們可以從這裡開始，因為不管踏上的是什麼樣的旅程，都要知道自己的起點。這章會總覽次級創傷，探討背後的概念，看看誰是高風險族群，也會談談可能造成的影響，幫你找出目前最困擾的症狀，排出處理的先後順序。

什麼是次級創傷

　　潔妮絲的工作是接聽緊急報案專線，現在她垂頭坐著，難受地訴說自己的經歷。她說：「我睡不著。就算睡著了，也會做惡夢，和工作有關的恐怖惡夢。但是這沒有道理啊！」潔妮絲的聲音明顯透露出痛苦與挫敗，「我明明沒有見過通話對象，可是他們居然會出現在我的夢裡，這根本說不通啊！」

　　泰瑞莎到朋友家坐坐，朋友的老公遇到了一場嚴重的車禍，人才剛出院。當話題繞著車禍打轉時，朋友就會顯得特別激動，這讓泰瑞莎非常擔心。朋友生氣地說：「我不想談車禍這件事。他一直說一直說，我要受不了了！這樣老是講個不停，只會讓我很害怕而已。」朋友全程都表現得異常憤怒激動，泰瑞莎只好提早回去了。

　　上面是「次級創傷」的兩個例子。次級創傷（secondary trauma）有時又稱「替代性創傷」（vicarious trauma），與受創族群往來的人都可能會遇到，像是居家照護員、警消人員、緊急救護技術員、治療師、護理師等。照顧患者的家屬也可能會受到影響，就像泰瑞莎的朋友一樣。

　　簡單來說，次級創傷是以間接的方式接觸到創傷事件，通常是因為聽到了受創當事人的詳細描述。不過，目擊

事件或是看到事件影像也可能會導致次級創傷。

　　就像潔妮絲和泰瑞莎的朋友一樣，受到次級創傷衝擊的人情緒可能會變動，情感可能會受損，還可能出現一反常態的想法與行為，讓親友覺得他們像變了一個人。不只如此，身體也可能會冒出症狀，包含睡眠障礙、飲食困難、心血管毛病、慢性疾病等。

創傷與次級創傷

　　定義上，創傷是指經歷的事件會讓人平時使用的因應方式難以負荷，而且有害身心。典型來說，這類事件會危及生命，或是對身心的完整性造成威脅，諸如身體傷害、情緒虐待、霸凌、社區威脅、性暴力、忽視冷落、職業危害（像是軍警消人員）等，這些可以歸類為「直接創傷」（direct trauma），不過通常只會用「創傷」（trauma）來表示。

　　次級創傷則是「他人」遭受肢體或情緒上的傷害，可是我們卻受到了影響。這邊的二手接觸，不是直接的親身經歷，而是事件發生在別人身上，我們之所以會接觸到創傷，是因為聽到了當事人的故事而受到情緒衝擊，或者，單純只是因為陪伴他們而看到創傷帶來的傷害。

　　有時候，受到次級創傷的人並不是很清楚痛苦是從何

而來。如果女兒跟媽媽說前男友對他家暴，講了一次又一次，聽在耳裡，媽媽的感同身受幾乎不亞於女兒本人，就像今天受害的是自己一樣。不久之後，媽媽發現自己有時會生氣或難過到很失控的地步，有時卻又像行屍走肉般無法運作或麻木空洞，可是這一切的症狀並不會讓她聯想到同樣的創傷來源，畢竟受虐的是女兒，不是自己。

誰是次級創傷的高風險族群

　　每個人都可能會受到次級創傷的侵襲，只是有些族群會因為工作而面臨更高的風險。如果你的工作屬於下面幾個領域，那麼遇到次級創傷的機率會比一般人高：

執法人員：警察、矯正機關人員、刑警、犯罪現場分析師都屬於這類。執法人員每天都有機會接到家暴受害者的來電，親自調查慘烈的謀殺現場，處理失蹤兒童的報案，替性侵受害者做筆錄，平息受刑人的獄中鬥毆事件。在取得證詞、協助犯罪被害人製作筆錄的同時，都可能反覆暴露在令人坐立難安又極度痛苦的犯罪細節中。

消防人員：不論是在處理交通事故、建築倒塌，還是火災意外，消防員經常看到身陷苦難的人們。較長的值班時間和隨之而來的睡眠不足也讓消防人員在協助遭逢大不幸的民眾時背負情緒衝擊更加沉重。消防人員和執法人員都需要同事間的緊密配合，大家也都可能會面臨類似的創傷問題，可惜次級創傷的症狀往往容易被視為僅是工作壓力，而未被重視或是關注。

救護技術員：當有人受傷時，救護技術員或是性質類似的緊急醫療救護人員會出動，協助重大刑案、事故、墜落和燒燙事

件的傷患。這時，接觸傷心欲絕的家屬也是很大的心理負擔。

心理治療師：協助創傷倖存者進行心理治療時，臨床人員都會有次級創傷的風險。當治療師為了幫助個案理解自身的反應而再三探索提問時，正在經歷強烈情緒痛苦的個案會反覆重述自身的創傷故事。尤其，心理治療屬於私密場域，而且法律有規定保密義務，許多治療師無法和其他人討論工作上的事。因此，治療師們面對次級創傷的掙扎可能被擱置，導致他們無法正常工作和生活。

急診人員：每次值班時，醫師、護理師與全體急診人員都可能會多次暴露在創傷中，因為他們要面對的不只是命懸一線的病患，還有情緒激動的家屬。

兒福工作人員：這些專業人士經手的個案可能會涉及肢體傷害、性暴力、情緒虐待、疏於照顧等議題。聆聽兒童的創傷故事特別令人難受，撰寫報告、例行家庭評估也都讓他們一再暴露於創傷之中。如果遇到需要將兒童帶離原生家庭另外安置的情形，兒福工作人員也會產生心理負擔，因為這可能會對孩子造成額外的創傷。

高創傷風險工作者的伴侶與家人：現役軍人、退役軍人、一線救助人員、執法人員、消防人員等的伴侶、家人與照顧者也常是次級創傷的研究對象。他們的次級創傷不僅來自所愛親人描述的戰地經歷與職業危險，更因為當家人出現創傷症

狀時，首當其衝的也是他們。

重大傷病患的照顧者：有些人在照護生病的親人時，也會陪著走過治療的磨難，於是自己經歷了次級創傷，因為某些侵入性治療免不了讓人不忍卒睹、難以承受，而且有些病患會把自己的身心煎熬掛在嘴邊，這也可能會讓照顧者感到憂心、不舒服。

薇拉莉亞的故事

　　薇拉莉亞從事消防工作已經十二年了。這可是需要通過消防學院非常嚴苛的訓練，而且整個郡只有四名女性過關，所以她很引以為傲。進入隊上後，薇拉莉亞也很快就融入了消防圈的文化，用勤奮、勇敢、堅忍的態度，肩負起艱難的任務。某次救火任務中，薇拉莉亞負責撲滅民房的火勢，其他隊員努力搶救屋內受困的兩位民眾，然而就在這場任務之後，她的消防生活開始變了調。

　　接下來的幾天裡，薇拉莉亞腦海中不停地重播當時的場景，家屬看到家人受困屋內的哭嚎聲更是揮之不去。這樣的生活從幾個星期變成了幾個月，薇拉莉亞動不動火氣就會上來，不管是值勤還是休假，都索然無味，而且老是睡眠不

足。以前值勤時，她最喜歡的就是跟夥伴聊天，但現在能免則免，還會用非常負面的心態看待自己和他人。

終於，同事約翰主動來關心她了。約翰十分英勇，備受敬重，是大家理想的消防員典範。他說他注意到薇拉莉亞不太一樣了，然後分享了自己類似的遭遇。約翰回溯，一開始以為自己能夠處理好睡眠不足的狀況，也能解決壞脾氣的問題，後來是老婆讓他知道光靠自己是沒辦法的。接著，約翰解釋說真正影響薇拉莉亞的不是工作壓力，而是創傷。

約翰提點了一些方向與資源，讓薇拉莉亞去尋求支持系統的幫忙。於是薇拉莉亞開始去找心理治療師，治療師做了審慎仔細的衡鑑，協助薇拉莉亞理解並處理創傷反應，還教了她一些放鬆技巧來緩和焦慮。後來薇拉莉亞的情緒改善了，又回到以前天天期待上班的狀態。

不是只有上述的職業才會遇到次級創傷，還有生命禮儀業者、驗屍官辦公室的職員、受害者的律師、性侵害救助中心的人員等也常需要面對創傷。這些人的共通點就是會在公私領域接觸或暴露在他人的創傷中，如果你也屬於這類族群，那麼即使前面沒有明確寫出你的個別狀況，還是需要多加留意次級創傷的風險。

瞭解自身症狀的影響範圍

　　薇拉莉亞很幸運，遇到能意識到她情況的同事，因為雖然同樣是次級創傷，但在不同人身上的症狀可能會差很多，而且同一人發展出的症狀也可能因為不斷暴露於新的創傷中而隨之改變，像是警察和救護技術員就屬於容易反覆接觸到新事件。有些症狀影響的是心理層面，有些則會讓身體出狀況，包含高血壓、腸胃毛病以及疲勞。

　　讓我們一起挑出影響生活的症狀，聚焦處理，開始復原之旅吧。

焦慮

　　焦慮表示處於緊張或擔憂的狀態。有時原因顯而易見，像是「要在大家面前簡報，我會很焦慮」。要執行比較困難或是沒有做過的事情，本來就會讓人焦慮，問題是有時焦慮來得不明就裡，沒有什麼明確的根源。其實大部分的人多多少少都會焦慮，畢竟這是人生的一部分，可是如果太過痛苦，嚴重到難以完成人際、工作或其他生活層面該做的事，那就真的問題大了。

練習　焦慮的自我檢測

　　請完成下面的自我檢測，並在筆記本寫下答案，後面還會出現其他的自我檢測。

　　在書寫檢測表時，可以用過去幾個月的行為當作依據。答題的過程中，任何與題目行為相關的想法和描述都可以多加記錄，想補充多少，就補充多少。

- 身處必須和陌生人互動的社交場合，我會不會焦慮？
- 必須和身邊的人同桌飲食的時候，我會不會焦慮？
- 做事情有觀眾的時候，像是發表工作簡報，我會不會焦慮？
- 我會不會害怕有人發現我在焦慮？
- 我會不會找藉口避開社交活動？
- 我會不會花很多時間在腦中擔心？
- 我會不會難以控制擔心的感受？
- 我在擔心的時候，會不會心神不寧、緊張不安或是睡得不好？
- 我在擔心的時候，會不會人很疲累或是無法專心？
- 我在擔心的時候，會不會比平常更浮躁易怒或是肌肉更加緊繃？
- 我的焦慮或擔心會不會對工作、家庭或是朋友關係造成問題？

　　如果答「會」的超過兩題，建議你花點時間，想一想焦慮帶來的症狀和行為。在接下來的一週裡，只要覺得焦慮，就在筆記本做個記錄。列出讓你容易陷入焦慮的情境，後面幾章會講到症狀管理技巧，到時候可以拿出來應用。

憂鬱

　　我們偶爾會焦慮，也偶爾會憂鬱。只是臨床診斷的憂鬱症更加嚴重，整個人會低落難過，覺得日常活動沒什麼意思，憂鬱症會出現的徵兆還有食慾障礙、睡太多或睡太少、覺得自己沒有價值或太有罪惡感、出現自殺念頭、沒什麼活力或人很疲勞、很難專心或難以下決定、躁動或遲鈍等。要是症狀持續超過兩週，到了嚴重干擾自理生活的地步，就可能是得了憂鬱症。

練習　憂鬱的自我檢測

　　請在筆記本寫下答案。

- 過去兩週，我是不是幾乎每天都感到傷心、低落或沮喪？
- 那些我很喜歡的活動，現在做起來是不是沒有以前那樣開心了，像是個人興趣或親友出遊？
- 過去幾週，我是不是吃得太多或太少了？
- 和以前比起來，我是不是睡得很不好，或是會多睡上好幾個鐘頭？
- 我是不是對人生充滿了愧疚或絕望？
- 我是不是有過自殺或自殘的念頭？
- 親友是不是有提過，說他們覺得我似乎無法像以前那樣可以打理好自己？

　　如果答「是」的超過五題，建議你花點時間想一想自己的症狀，還有隨之而來的行為改變。

　　憂鬱是不是已經讓你沒辦法在職場和家裡正常運作了呢？如果已經到了這個地步，請去看醫生或找臨床治療師進行詳細的衡鑑。

恐慌

　　明明當下很平靜，可是怎麼忽然就恐慌了起來呢？突然之間，你開始心跳加速，呼吸困難，胸口悶悶重重的，還可能會出汗或顫抖。

　　恐慌來襲時，常會伴隨暈眩和手腳麻木，雖然通常十分鐘就會過去了，但在發作的當下可能會覺得自己快要死掉了。這種經驗太恐怖了，讓人害怕還會有下一次，光是提心吊膽就足以影響人的選擇，害你不敢與人交流，或是去做想做的事情。

練習　恐慌的自我檢測

　　請把答案寫在筆記本。（這些題目不適用正在運動或是勞心勞力的時刻。）

- 你有沒有過頓時從平靜陷入恐慌的經驗？
- 除了勞心勞力之外的時刻，你有沒有過毫無預警的心跳加速？
- 除了運動之外的時刻，你有沒有過莫名其妙的呼吸困難？
- 你有沒有過突如其來的胸悶，可是照理說當下在做的事並不會造成胸悶？
- 你有沒有過身體出汗或顫抖，可是當下做的只是日常活動，或

根本什麼也沒做？

● 你有沒有過手腳突然麻掉，可是過一會兒又完全恢復知覺的情
　形呢？

● 出現以上任一症狀時，有沒有伴隨暈眩？

● 出現以上任一症狀時，有沒有覺得自己快要死了？

　　只要答案出現一個「有」，那麼你就可能已經有過恐慌發作的經驗了。想想自己的症狀，盡量追蹤留意，記下症狀通常持續多久？有多常出現？在本書中探索方法來緩解焦慮的同時，也要記得找醫生諮詢。

身體症狀

　　我們已經知道暴露於創傷中不只會產生情緒和行為的問題，還可能會反映在身體上。經歷創傷的人可能比較會有腸胃毛病、氣喘、心悸、頭痛、婦科狀況、慢性疼痛、免疫系統脆弱等困擾。有份研究調查了超過三萬八千人，結果發現在十一項的病痛中，如果創傷倖存者有過一次符合定義的人生創傷經歷，便很可能會面臨七種慢性病纏身的情形；如果符合定義的人生創傷經歷超過五次，那麼困擾他們的慢性病會多達九項（Scott等，二〇一三）。

　練習　**身體症狀**的自我檢測

　　回想過去六個月來的健康狀況，把下面的清單抄進筆記本，有出現症狀就打個勾。記錄頻率和程度，並寫下想法、行為描述等其他想補充的細節。

- 胃部不適或消化不良
- 頭痛常發生或很劇烈
- 氣喘
- 心率加快，疼痛或持續隱隱作痛

- 每季都得感冒或流感
- 關節炎
- 頸背痠痛
- 高血壓
- 糖尿病
- 消化性潰瘍
- 心臟疾病

　　只要身體出現任何一種狀況，都需要多加留意，盡量去回想第一次發現是什麼時候、出現的頻率有多高。學習處理次級創傷的同時，再回頭看看這張清單，關注自己生理症狀在頻率和程度上的變化。如果上面的症狀不只一項，可以考慮帶著筆記本去看醫生，和他討論你與創傷的暴露情形，在你調養心理狀態的同時，醫生會幫忙調整生理狀況。

關係問題

　　如果次級創傷正在消磨你的生活，那麼你周圍的人也可能會遭到波及。

　　要是工作會經常暴露在創傷之中，尤其是工作上隨時「支持並陪伴」別人的需求，有時會容易淘空情緒，最後能夠分給親近之人的慈憫和同理反而所剩不多。在配偶或伴侶的眼中，這種情緒疏離或無感，很像是在拒他們於門外。這時，親友可能需要承受至親的脾氣和怒意，相處起來連口大氣也不敢喘；另一半可能需要分床睡，因為受創的枕邊人會做惡夢。走出次級創傷的困境之後，或許伴侶或家人會考慮去找治療師，來擺脫與創傷相處時養成的不良習慣或是不理想的調適方法。

練習　人際關係的自我檢測

　　如果懷疑創傷侵蝕到了自己的人際關係，影響到你和至親好友的互動，可以回顧人生當中感覺非常良好、心情非常愉快、順風順水的全盛時期。在回答下面的問題時，就拿這些巔峰狀態來比較，可以包含任何想法、行為描述等相關細節。

對照創傷之前的自己，現在的我是不是：

- 記憶中不愉快的事情變多了？
- 會避開某些活動？
- 能感受到的情緒種類變少了？
- 做喜歡的事情時愉悅感較少？
- 覺得與身邊的人沒那麼緊密了？
- 負面的念頭變多了？
- 睡得不好或是變得淺眠？
- 毛躁易怒，或是脾氣差的日子變多了？

　　針對自己上面的行為改變，列出最受牽連的幾段人際關係。可以試著找他們討論這份清單，聽聽他們是怎麼看待你的行為。在開始自我修復的同時，先挑出一兩項，下定決心來努力調整。

如果需要更多幫助

　　或許你比較喜歡靠自己處理難題，但有時尋求專業協助有其必要。如果有自殺的念頭，可以撥打二十四小時全年無休的「全國自殺防治生命專線」（National Suicide Prevention Lifeline）1-800-273-8255。萬一狀況十分嚴重，像是惡夢連連、恐怖記憶瞬間再現、憂鬱、焦慮或關係觸礁，請務必去找專業人士進行衡鑑，參考他們對於治療的建議。

　　你的健保公司說不定就有份在地名冊，可以協助你找到臨床治療師，處理創傷、憂鬱、焦慮以及伴侶治療。有些公司內部的「員工協助方案」（Employee Assistance Program，EAP）也會協助轉介治療師，可能還會幫忙預約療程。或者也可以請自己的主治醫生協助轉介。另外，大都市有滿多平價診所或是免費義診，可以協助沒有保險的族群，而且多數大學也有實習治療師為在地的居民提供服務。

　　（編按）以上資訊為原書所載之美國資訊，另補充臺灣的求助與守護資源：

　　安心專線：1925（依舊愛我）政府專線，24小時免付費。
　　生命線：1995（要救救我）民間團體，24小時免付費。
　　張老師：1980（依舊幫您）民間團體。
　　保護專線：113，政府專線，24小時免付費。

次級創傷會如何影響你

　　前段章節所做的檢測可能會讓你注意到那些你還沒有和自身創傷經驗相連結的症狀。想要走出創傷，不僅要能注意到相關症狀，還要能意識到自己為了因應症狀而形成的行為。

　　譬如說，可能會為了調適焦慮，選擇減少出門；可能會為了控制脾氣，減少和他人往來；可能會為了避免和另一半爭執而發飆，乾脆不去觸碰敏感的話題。這章最後會把影響自己的症狀排出名次，對照有什麼行為也跟著改變了。如果能夠更加理解創傷帶來的改變，就能開始培養療癒創傷的技巧。我們可以把次級創傷的症狀分成這幾類：

侵入反應：試想你人在水槽洗碗，玻璃杯不小心滑落撞到水槽底部，發出好大一聲然後碎裂。而就在那一瞬間，之前救火任務的回憶闖入心頭，當時高溫造成窗戶爆裂，玻璃四處飛濺，好多人從屋裡逃出來的時候都受到割傷。於是，弄掉杯子後的那幾個小時你都好難過。

這便是侵入反應的例子。這類症狀也包括創傷事件相關的難過記憶、包含事件經過和情緒的夢境、重現「驚」的瞬間，以及因為某些事物聯想起創傷事件而引發的不安情緒或強烈

生理反應（例如心跳加速）。

逃避反應：會想要避開創傷相關的回憶、想法和感受，也會躲開可能勾起創傷回憶的人、地、物以及活動，上述想要逃避的任何反應都屬於這類。逃避這種策略可以拿來閃躲難受的情緒，只是往往會讓我們的世界越縮越小，越來越難活得充實圓滿。

負向認知與情緒：隨著時間過去，倖存者會嘗試著自我解讀所經歷的創傷，而這類解讀有時會逐漸發展成對創傷事件正確健康的敘述，幫助我們理解所發生的事。
然而，有時我們對自身故事的敘述會逐漸扭曲，變得負面，並且可能會遺漏重要的細節；發展出對自我、他人與世界極端負面的信念；不當地自我責備或是責備他人造成了現在的創傷；心懷揮之不去的強烈感受，像是恐懼、憤怒與恥辱。種種改變會消磨我們的興致，原本好玩的事情不再有趣，讓我們疏離周遭的人，也難以感知到愛與幸福這類正向的感受。

警覺過度喚起：大家比較能把這類症狀和創傷暴露經驗相連結，例如睡眠不足是剛經歷創傷後的那段時間常見的反應，

但這也可能會演變成難纏的長期困擾。其他警覺過度喚起的症狀包含難以專心、容易受驚、保持不必要的警戒狀態（過度警覺）、冒無謂的風險、對別人渾身是刺或是一副劍拔弩張的樣子。

　　仔細檢視每一類症狀，回想過去狀況不錯的時候，比較當時與創傷後的生活，思考這些症狀出現的頻率有什麼不同。問問幾個和自己親近的人，請他們忠實分享注意到的你的變化。把最符合自己的症狀列在筆記本上，然後讓這份清單引導你在這本書中後續的自我探索。

練習　為緩解症狀排出順序

　　在筆記本中，從零到十分，為下列次級創傷症狀的嚴重程度評分，零表示「沒問題」，十表示「問題非常嚴重」。而對自身經驗的評分要以上個月各個症狀為依據。

- 會有創傷的痛苦回憶
- 會有創傷相關的痛苦夢境
- 會有「驚」嚇瞬間重現的狀況
- 會持續陷在憤怒或焦慮這類負面的情緒裡
- 會常常無法感受到正面的情緒
- 會對自己、他人或世界抱持負面的認知
- 會逃避原本喜歡的活動
- 會難以調節觸發後的情緒
- 會難以自在地前往公共場所
- 會難以和其他人談自己的創傷經驗
- 會難以提起興致從事重要的活動，像是工作、社交或嗜好
- 會難以覺得與他人有連結感或親近感
- 會難以一夜好眠
- 會難以專心
- 會容易受驚
- 會突然暴怒

● 會過度警覺

　　仔細檢視那些分數較高的症狀，並在接下來的閱讀中聚焦處理。開始實踐書中的策略時，記得回顧這章的自我檢測練習。在努力自我修復的過程中，重複練習，並對照每次的結果，觀察任何產生的變化。

練習　為調整行為排出順序

依據上個月的狀況來為下列的行為評分,選擇「不符合」、「大致符合」或「完全符合」。在筆記本寫下答案,也可以記下與題目相關的任何想法。

- 事發當下確實很不好受,可是現在回想創傷經驗並不會讓我非常不安
- 我很少做惡夢
- 我不會有「驚」瞬間重現的狀況
- 我不會充滿憤怒或焦慮
- 我可以感受到各種情緒,而且強烈程度都在合理範圍
- 大部分的時候,我對自己、生活裡的人和身處的世界抱持正面感受
- 我可以全心享受參與的活動
- 發生不開心的事情時,我能夠快速調整好情緒,不會一整天都受到影響
- 在人群裡或是公共場所中,我感到非常自在
- 在讓我心安的人或是專業人士面前,我能夠自在地談論創傷經驗
- 在從事或進行日常活動時,我會覺得有趣、感到興奮
- 我覺得自己與重要他人非常緊密連結

- 一夜好眠對我來說不是難事
- 在從事有興趣的活動時，保持高度專注對我來說很簡單
- 我不會太輕易生氣，也幾乎不會一副怒氣沖沖或是暴躁易怒的樣子

　　找出檢測裡「不符合」，思考哪些項目變成「完全符合」後，能大幅改善你的生活，並在筆記本上標出來。繼續閱讀的同時，記得在這幾個地方多放一點心力。

重點整理

☑ 創傷是超出我們平時因應策略所能承受的事件，並對我們的身心有害。

☑ 次級創傷的產生是因為暴露於他人的創傷中，通常是透過傾聽對方的故事而來。

☑ 許多類型的專業人士和照顧者都屬於次級創傷的高風險族群，也包括陪伴家人走過創傷事件的一般人。

☑ 暴露在創傷中會影響許多層面，可能會損害身心健康，也可能會阻礙人際關係。

☑ 創傷有四種可能的症狀：侵入反應、逃避反應、負向認知與情緒，以及警覺過度喚起。

☑ 創傷能被治癒。受過創傷的人在復原後，會變得更加強大、更加投入生活。

第二章

自身情緒

　　為了一點小事就大發雷霆。整個人傷心欲絕到無法踏出家門。這些次級創傷引發的負面情緒反應不僅令人非常痛苦，還令人非常困惑。

　　在大動肝火的時候，在傷心憔悴的時候，我們可能都不會聯想到之前創傷經驗，尤其當負面情緒在事隔好幾個星期或是好幾個月才出現，便又更難以察覺，反而還會懷疑自己是不是瘋了。不過，其實焦慮、悲傷、恐懼、憤怒及無助等情緒在創傷中並不少見。有些人會被這些強烈的情緒控制，而發洩和表現得與往常不同；有些人用盡方式逃避情緒，最後情緒在不該宣洩的時刻沒有預期地出現。

　　這些症狀的根本原因是大腦想要確保你的安全，因為生氣、害怕等情緒狀態能夠幫助身體做好準備，應付危險的情境，也就是「戰或逃」（fight-or-flight）的反應。只是，如果創傷（包含次級創傷）已經讓大腦超載了，便可能會難以關閉戰或逃的反應機制，所以即使創傷事件已經過去了，大腦還是沒有停止費力運轉並判斷人、事、地是否安全。如此不間斷的備戰狀態會消耗情緒與能量，於是人會開始焦躁，覺得無力招架。因此，與創傷事件相關的畫面、聲音、氣味等種種細節都會被視為觸發因子（trigger）和危險訊號，去刺激早已情緒高漲的大腦，使人更加生氣或恐慌，雖然本人不一定會意識到是什麼拉響了警報。

這章會進一步討論次級創傷最常見的情緒症狀，像是憤怒、悲傷、疲憊（exhaustion）以及同情疲乏（compassion fatigue，亦譯「憐憫耗竭」）。疲憊不僅是指身體上的疲累，還有情緒的超載。正因為同理心受到侵蝕，身為一線救助人員、治療師、照顧者的你，才會因為同情疲乏而無法有效運作。接下來，你可以從本章學習一些調適上述情緒以及其他的感受方法，本章也會提出一些實踐與追蹤的策略，幫助你在人生中做出正面且理想的改變。

憤怒與暴躁

人都會生氣，只是這些生活中的憤怒通常都找得到原因，像是有人突然超車、約出來聚會的朋友「又」遲到了、小孩沒把紊亂的玩具收好等。然而，創傷所引發的憤怒卻不一定會有很明確的來源。

假如你是一位救護技術員，工作上接觸的事故傷患與家屬算一算有幾百人，你都需要聽他們描述事故的細節與情緒張力很大的經過。幾年累積下來，你開始會在值勤的時候大發脾氣，情緒一觸即發，而且對傷患的怒意非常明顯，因為你覺得他們明明可以自行就醫，不用到要叫救護車的程度，這樣根本是在浪費你的時間。可是真正的問題並不在傷

患身上，次級創傷才是，讓你變得易怒的是傷患口中令人不適的細節和強烈的情緒。

這時大腦還卡在威脅模式，易怒是在為下一場危機做準備。但這些機制是默默運作的，你只會看到理智一秒斷線的自己，還有病患們不斷考驗著你的耐性。

一般來說，我們覺得生氣「不好」，但其實生氣只是一種情緒體驗，至於健不健康，取決於如何「表達」以及回應憤怒的情緒。譬如說，「母親反酒駕聯盟」（Mothers Against Drunk Driving，MADD）在一九八○年為減少酒駕釀成的傷亡而創立，但如果說是酒駕受害女性們憤而籌組了聯盟，可能還真的會說中部分的原因。

當然，我們不是每次都能用有建設性的方法去排解憤怒的情緒，反而常會選擇大聲痛罵一番，但其實這樣沒什麼效益。有時候我們還會乾脆忽視這把火，希望最後可以自行消氣。大致上，調適情緒有四種基本的方式，以生氣為例分別檢視。

助長情緒：如果覺得是他人需要為了自己身處的狀況而受到責備，那麼不管當下是要火冒三丈，或是要寫封措辭強烈的電子郵件，我們都會傾向為怒火添柴澆油。假如剛好有個方便責怪的目標，像是另一半、家人、同事，甚至是陌生人，

我們同樣容易會去放大生氣的情緒。萬一大腦早已受到創傷激發，那麼小事情也可能會看成是嚴重的威脅或是他人意圖不軌的跡象，於是短暫的不快越演越烈，演變成七竅生煙。

逃避情緒：感受到不舒服或是像生氣那類「不好」的情緒時，確實會很想去逃避、去壓抑，會想要逃離問題，避而不談，轉移話題，甚至直接否認有這回事。

看上去逃避能夠解決問題，可是假裝憤怒不存在並不是長久之計。逃避情緒很像是因為不想承認房子一團亂，所以就不整理家裡，但是越抗拒去處理問題，心裡面就越會雜亂無章。（要注意的是，逃避憤怒並不等於「延後」處理的行動，有時候暫時把感受放一邊，等到合適的時間地點，再來好好理清，是種更為健康的方式。）

轉換情緒：有時我們會把棘手的情緒轉換成比較能夠接受的情緒。譬如說，當一位父親面對兒子在車禍中受傷，次級創傷可能會引發無助感受，但他認為無助是軟弱的表現，於是就在不知不覺中，這位爸爸把不自在的無助感轉換成沒那麼排斥的情緒，像是憤怒。因此，他並沒有處理無助這個原發情緒，所以無助感很容易會再次襲來。而且同時，他還會持續展現繼發情緒，一點刺激就能讓他暴跳如雷，卻連真正的

原因都不自知。

管理情緒：唯一真正健康的應對方式是「管理」情緒，也就是說，要去判斷自身的情緒是什麼，並運用健康的策略來處理。心裡受傷或是難過時，可能會向他人尋求慰藉；感到茫然不解或是難以承受時，可能會去向有過類似經驗的人尋求建議；覺得無望時，可能會去找朋友，讓他們提醒一下我們仍具有能力。調節憤怒的健康招數包含堅定自信、解決問題、認知重建以及接納包容。

練習　你有哪些**觸發因子**？

　　如果你正為次級創傷所苦，那麼有時候你可能會無緣無故的盛怒一場，或是毫無由來地冒出其他強烈的情緒。諸如此類的情緒高漲幾乎都來自觸發因子（trigger），某個畫面、聲音、氣味或是其他刺激，都可能會讓大腦聯想到之前的創傷。觸發因子分成兩種：感官型與感受型。

　　瞭解憤怒和其他情緒的觸發因子，將有助於管理次級創傷所帶來的情緒症狀。先盤點下面的潛在觸發因子，並在筆記本列出生氣時有出現的項目，如果有觀察到其他的觸發因子，也都寫下來。從現在開始，記得留意觸發因子，並補充到清單上。（感受型觸發因子可能比較不容易辨識，請參考第65頁的「深入探索」。）找出觸發因子之後，預測一下可能的狀況，可以的話讓自己做好應對的準備，拿出這章討論到的技巧來管理憤怒。

感官型觸發因子

- 創傷相關的聲音

  例如：大吼或尖叫、槍聲、警報、巨響

- 創傷相關的氣味

  例如：血腥味、土壤味、嘔吐味、火藥味

- 創傷相關的畫面

  例如：創傷相關的人地物、創傷記憶

- 創傷相關的味道

  例如：血液、嘔吐物、創傷發生前吃的東西

- 創傷相關的生理感覺

  例如：溫度或天氣；觸碰到的肌膚、衣物或金屬；

  疼痛、不適、肌肉緊繃；背上人或物的重量；心跳很快

感受型觸發因子

- 盛怒、生氣
- 恐懼、焦慮
- 絕望、無力、悲傷
- 其他與創傷特別有關的任何感受
- 與創傷餘波連結的感受
  - 背叛
  - 失望
  - 內心脆弱、易受傷
  - 困惑
- 事發週年

練習　釋放怒氣

　　小時候鬧脾氣或是和兄弟姐妹吵架時，爸爸媽媽有沒有叫你去房間待著呢？這招很有用對不對？暫時抽離（time-out）對管理憤怒非常管用，現在也可以用在自己身上，以免做出什麼以後會後悔的事。

　　步驟很簡單，當你發現自己對別人的怒火越燒越旺時，宣告你需要離開冷靜一下。如果是很熟的人，坦白說出來就好，不熟的人給個簡單的理由就可以，像是「我很想繼續談完，可是現在需要去_____（上個廁所、開會、趕個要交的案子……），給我至少_____（設個明確時間，譬如半小時後），我會來找你」。

　　最好給自己至少三十分鐘靜下心來，生理上也差不多需要這麼久，釋放更多鎮定的化學物質到血液裡平息怒氣。這時候，可以的話，建議多多活動肢體，出去快走或是跑步、和寵物玩、健身、甚至是深呼吸（第三、四章），都有助於身體脫離憤怒的掌控。

【深入探索】
瞭解自己的感受型觸發因子

　　第62和63頁的清單已經幫忙找出了一些觸發因子，現在這張練習表會幫你深入認識影響自己的感受型觸發因子。把下面的內容抄到筆記本上，遇到無法辨識的觸發因子就寫下來，在找出觸發規則之前都要持續記錄。

　　譬如說，在幫生氣評分時，可能會發現自己星期一和星期二的脾氣最大，於是下一步就可以來思考這兩天有什麼不一樣的地方，是不是這兩天的工作壓力特別大呢？有沒有剛好要與不同的人互動呢？記錄自己對憤怒的反應，以及下一次可以如何管理情緒。

日期：＿＿＿＿＿＿＿＿＿＿＿＿＿＿＿＿＿＿＿＿＿＿＿

星期幾：＿＿＿＿＿＿＿＿＿＿＿＿＿＿＿＿＿＿＿＿＿＿

從一到十分，圈出感受的強烈程度：

　1　　2　　3　　4　　5　　6　　7　　8　　9　　10
（低）　　　　　　　　　　　　　　　　　　　　　（高）

感受持續的長度／時間：＿＿＿＿＿＿＿＿＿＿＿＿＿＿

事件的來龍去脈：＿＿＿＿＿＿＿＿＿＿＿＿＿＿＿＿＿

牽涉人物：＿＿＿＿＿＿＿＿＿＿＿＿＿＿＿＿＿＿＿＿＿

身體徵兆：＿＿＿＿＿＿＿＿＿＿＿＿＿＿＿＿＿＿＿＿＿

想法：＿＿＿＿＿＿＿＿＿＿＿＿＿＿＿＿＿＿＿＿＿＿＿

感受是拿來：

☐ 助長情緒 ☐ 逃避情緒 ☐ 轉換情緒 ☐ 管理情緒

成效如何：＿＿＿＿＿＿＿＿＿＿＿＿＿＿＿＿＿＿＿＿＿

有沒有什麼侵略性的表現：＿＿＿＿＿＿＿＿＿＿＿＿＿＿

有沒有暫時抽離？　有/沒有　為期多久？

＿＿＿＿＿＿＿＿＿＿＿＿＿＿＿＿＿＿＿＿＿＿＿＿＿＿＿

有沒有或想不想吸毒/喝酒？　有/沒有　你做了什麼？

＿＿＿＿＿＿＿＿＿＿＿＿＿＿＿＿＿＿＿＿＿＿＿＿＿＿＿

自我評分：

1	2	3	4	5	6	7	8	9	10
(處理得很糟)									(處理得很好)

悲傷與絕望

好朋友搬離時我們會傷心，喜歡的主管離職時，我們會難過，所愛的人過世，我們也會心痛。悲傷和絕望是面對失去的自然反應，面對次級創傷，難過也是正常的反應，因為創傷事件存在的這個事實我們也需要調適。

譬如說，自己的親姐妹被強暴了，這個女生可能會因此覺得世界沒有想像中安全了，也可能會認為自己不是個好姐姐或好妹妹，因為事發當下她並沒有在場保護對方，而可能也正是因為她失去了安全感和自我感，才會覺得又傷心又絕望。

工作上會目擊創傷事件，原本覺得自己處理得來，沒想到現在已經不像以前那樣有辦法承受了，悲傷很可能就會在這個時候湧現。你可能會因為同事沒有注意到你正處於困境或主動關心而感到難過，當嘗試管理次級創傷症狀卻並不成功時，無望感可能油然而生。悲傷與無望都會讓人失去嘗試新方法的動力，也就更難找到解法了。

悲傷和無望揮之不去時，人很容易會陷入憂鬱。如第一章所說，臨床診斷的憂鬱症不只是一般的鬱鬱寡歡而已，而是持續一段時間的心理疾病，混雜了悲傷、絕望和排山倒海的無力感。

　　有些憂鬱症患者會連續好幾天都窩在床上，縮起來不願意社交互動，原本喜歡的事情也不做了，能感受到的情緒只剩下很有限的那幾種。他們常會出現失樂的狀況，也就是幾乎無法從活動、互動、工作或生活中找到愉悅的感受。其他症狀還包含體重或食慾改變、睡眠障礙、沒什麼活力、自殺念頭、罪惡感過深或是自我價值過低。有時患者本身並沒有注意到病情的嚴重程度，而是至親好友點出問題後才有所察覺。

練習　假如悲傷太過沉重

　　情緒能幫我們有動力、有組織地採取重要的行動。害怕的時候，我們會遠離危險；難過的時候，我們會避開引發悲傷的情境；有人帶給我們快樂的時候，便會多花時間跟他們相處。不過，次級創傷造成的悲傷反而可能會讓人做出「沉溺在悲傷中難以自拔」的行為，像是耽溺於思考或談論難過的經歷、不去做讓自己開心的事、孤立自己、整天不下床、悶悶不樂、不願意與人互動、一直哭個不停等。

　　這時，可以向「辯證行為治療」（Dialectical Behavior Therapy，DBT）取經，學習應對策略，採取「與情緒相反的行動」，也就是說，辨認難過情緒促發你去做的事情，並

嘗試做出相反的行為；傷心叫你往東，你就往西去。

　　下面有幾個範例：

如果容易缺乏動力，那就起身動一動，出去走一走，只有該睡覺的時候才能待在床上，每天只能看電視或是上網一小時。

如果會想要避開其他人，那麼每個星期至少答應一次社交邀約，或者中午去員工休息室和同事一起吃飯，告訴自己每天必須找一個朋友聊天，但別忘了把客廳整理一下才好邀別人過來。

如果都沒有在做讓自己開心的事了，那麼就讓自己重溫以前的興趣，重新啟動以前的嗜好或運動，譬如邀請朋友一人帶一道菜來聚餐，也準備好自己愛吃的東西。或者把愛書再翻一遍，報名新的體育課或是舞蹈課，計劃出門旅行。

針對難過的普遍性解方就是去做原本就很拿手的事，你會從中獲得希望和喜悅。萬一不曉得要從哪裡下手，可以去問問比較熟的人，看有什麼嗜好、任務、雜活和目標是你在過去就已經很成功的了。

疲憊與崩熬

　　大家都知道累的感覺是什麼，而且大多數的人都曾有過累壞了的「精疲力竭」（exhaustion）感受。不過，涉及創傷的疲憊包含了生理與心理層面，典型的生理疲憊是因為睡眠不足造成的（第四章會討論到創傷如何擾亂睡眠），但也可能是因為身體操勞，或是兩種狀況同時發生。

　　一般來說，心理疲憊是源自壓力太大，會覺得負擔過重、沒有效率，當然也少不了疲憊無力。生理與心理的雙重疲憊就是「崩熬*」（burnout），身心俱疲會造成應對效能不足、缺乏動力、負向自我認知以及自尊低落。

　　最常看到的崩熬是對工作條件的反應，容易產生工作崩熬的環境包含工時長、工作量太大、薪資與勞務有落差、主管不理想、職務不明確（職責劃分不清）、員工無法得到發揮專業的滿足感、跟慢性精神病患互動等。公部門普遍會比私部門還要容易出現工作崩熬的問題，因此崩熬好發於執法人員、消防人員、火警救護技術員、護理師、兒福工作人員等會遇到次級創傷的職務（Sprang、Craig、Clark，二○一一年）。

---

* （編按）Burnout，有燃盡、過勞、精疲力竭之意。

遺憾的是，疲憊與崩熬都會讓人更容易落入次級創傷的泥沼，也會讓創傷症狀更難以處理。疲憊會耗損情緒有限的資源，也就難以施展應對技能，而崩熬會產生強烈的逃避念頭，於是會想做其他事來分心，像是看電視、打電動。因此，受次級創傷侵蝕的地方就會疏於照料，諸如人際關係、家庭責任、自我照護等。

練習　接納負面情緒

不論正在處理的是憤怒、悲傷、崩熬，還是其他次級創傷所引發的情緒效應，都可能會覺得身陷苦戰，永無止境般的在和自己的情緒拉扯。有個方法可以擺脫這場衝突，那就是「接受與承諾療法」（Acceptance and Commitment Therapy，ACT）。

這類療法可以用來治療創傷和很多種疾病，但它主要的目標並不是減輕症狀，而是鼓勵我們要發自內心去接納自身的感受。承認並接納自己正處於崩熬、生氣或難過的事實，而不是因此挫敗或是去抗拒，便能夠釋出心理能量，可以更有效地管理情緒。

難過的時候，找人安慰一下自己，會更寬心；遇到崩熬的時候，安排休息時間或是計劃轉換跑道，也會更好過。

　　想要開始練習接受與承諾療法，可以先回想最近一次由於創傷而經歷的困擾情緒，把自己帶入情境裡。

　　觀察周遭所有的信號，人物、地點、溫度、聲音以及氣味，注意這些元素帶來的感受。要怎麼稱呼這些感受呢？是憤怒、悲傷、焦慮，還是疲憊？這些感受是在身體的哪個部位呢？如果要你描述這些情緒，會是什麼樣子呢？會是什麼顏色、什麼大小、什麼形狀？會不會移動、會不會改變？有沒有重量或溫度？

　　認知到感受的同時，靜心與它們共存，持續覺察感受本身與後來的變化。

　　呼吸，然後覺察。

　　你現在有什麼感覺嗎？不再和感受對抗有帶來什麼變化嗎？

　　繼續騰出空間來盛裝情緒，任它們自然消散，不用特別驅趕，情緒退去之後，或甚至就在湧現的當下。只要練習得越多，就越能接納自身的情緒，也越能選擇最佳的處理方式。

同情疲乏

人的大腦內建同理與同情的機制，所以旁人的創傷才會如此深刻地影響我們，這是一部分的原因。不過，如同其他的生理或心理能力，過度使用同情心會導致能力上的耗盡，彈性疲乏。

想像一下，一大早就聽女兒抱怨上學有多糟，接著上班花了兩個小時調解意見嚴重分歧的下屬，開車回家的路上又要聽朋友講她最近離婚離得很難看……一整天下來，會發現自己已經很難再同理另一半——但他也只不過想發洩一下生活上的不如意——不是說你不再關心他們了，只是就像是上健身房鍛鍊之後，腿部肌肉會變得又累又抖，大腦的同情神經迴路在重度使用過後也同樣需要休息。

同情疲乏（compassion fatigue，亦譯「憐憫耗竭」）的症狀不只是同理失靈，還可能伴隨漠不關心、注意渙散、完美主義、死板固執、負面思考、暴躁易怒、自尊低落等，還可能會讓你工作起來不那麼得心應手，這點在需要發揮同理心的職務上會特別有感。書中提到許多好發創傷的工作，都比較容易會出現同情疲乏，畢竟治療師、照顧者、警察等在專業上都需要具備同情心，使用過度的風險也比較高。

練習　**同理再生**

　　好消息是，覺得同情「庫存不足」的時候，有幾招可以拿出來用，下次感到同情疲乏時，就回頭看看這張表。

　　在筆記本寫下最切身相關的策略以及落實的時間表。以後也記得要回顧清單，重新評估同情疲乏的程度。把最管用的策略放在心上，需要的時候就能派上用場。

工作上的策略	範例
劃清工作與家庭的界線	不要再把文書工作帶回家，或是少帶一點
調整或減輕承辦件數／工作量	感覺好一點之前，少接一些個案
排出休息時間	放一天假，或是計劃下次假日要出遊
參與同儕團體（或自己創一個）	每個星期三找同事在公司一起吃午餐，交流一下
與團隊或主管進行減壓討論	約老闆談談你的工作量
調整工作行程	早上精神比較好，拿來處理困難的個案
生理上的策略	**範例**
睡眠要充足	提升睡眠衛生習慣（第四章）
均衡飲食	填寫飲食日誌（第四章）

多做運動	下午休息時間和朋友散個步
進行健康檢查	打給醫生預約健檢
心理上的策略	**範例**
壓力管理	練習瑜伽呼吸法（第四章）
留時間給支持網絡與親友	規劃家庭晚餐
同情充實	拿出收到的紙條和卡片， 重溫你幫助過的人說了什麼

「同情充實」（compassion satisfaction）用意義穩固工作的基礎，來抵銷同情疲乏。

進入同情充實的狀態之後，你會聚焦在自己做對的地方，重新灌注同情能量，慶賀自己對他人生活與整體社群的貢獻。同情充實著重力量和成長，包含你自己和曾幫助的對象都是，而不是強調工作痛苦的那一面。與同事分享成功故事、閱讀患者寄來的感謝紙條或電子郵件，或是拜訪曾陪伴其度過難過，並且現在過得很好的親戚，這些都是在透過同情充實來善待自己，也是在幫自己打個同情疲乏的預防針。

練習　綠燈、黃燈、紅燈

　　這項練習會微調生活中最困擾的地方，幫助你維持正確的方向，持續運用這章的技巧來管理情緒，對抗崩熬與同情疲乏。覺得有「哪裡」好像不太對勁，但又不是太確定的時候，這項練習也能幫上忙。

　　這項練習可以幫助你看到可能有害的行為模式。依照第77頁上的範本，在筆記本寫下日常的困擾，可以列出不只一條。

　　在綠燈那欄底下，描述那個面向的最佳狀態。在紅燈那欄底下，描述那個面向最糟的情況，也就是非常困擾又無法好好發揮生活功能的時候。在中間的黃燈那欄底下，記下讓你開始轉向負面，朝紅燈走去的一兩種行為。

　　黃燈那欄的行為代表需要留意的警訊，能幫忙扳回變成紅燈的情勢，也能協助你擬定策略即時回頭。譬如說，要是這星期已經多次拒絕該去的邀約，也知道已經亮起黃燈了，那麼接下來三個朋友提議的聚會或許就可以答應；要是早上出門前忘記親親老婆，就可以計劃一下，回家多花點時間關心她。

　　需要時都可以回顧這張表格，不只能夠幫忙管理次級創傷的情緒反應，還能調節書中提到的任何症狀，而且書中的所有練習都能拿來讓黃燈行為遠離紅燈。

關注面向	綠燈	黃燈	紅燈
重要關係	期待共處的精心時刻；一週約會一次；能夠一起有效解決問題；情意滿滿	忘記見面或分開時要親一下；回到家忘記問他今天過得好不好	沒有在經營人與人之間的連結；很少相處；只會聊不怎麼深入的話題；沒有約會；沒有肢體接觸
友誼狀態／社交生活	常跟朋友碰面；用訊息或電話保持聯繫；時常應邀參加聚會	朋友的訊息幾小時後才回；連續兩個星期沒和山姆進行週三固定的午餐約會了	沒有進行社交互動；沒事的時候大多一個人過；一閒下來就沉迷用電腦和看電視；與人接觸讓我好累
憤怒	遇到事情很少生氣以對；憤怒的程度在合理範圍；暫時抽離法能運用自如；冷靜下來處理憤怒議題不會太費力	熬夜不睡覺在看電視；為自己大聲講話找藉口	一星期發好幾次脾氣；往往會氣到有「十分」那麼嚴重；經常藏不住怒意；都不願意使用暫時抽離法
日常事務	會留意逃避行為的觸發因子；要做到自我舒緩並不困難；不會窩在家不出門；出現強烈的逃避想法時，能對展開行動說「好」，對逃避縮頭說「不」	每星期的日常採買拖著不做，只買不得不買的東西；不再繼續冥想練習	開啟完全的逃避模式；只有工作才出門；想吃東西就叫外送；沒心力留意逃避行為的觸發因子

賈莫的故事

　　賈莫醫生在大都會區的急診室工作。他一直都很熱愛這份工作，有時候強度很高、節奏很快，有時候可以慢條斯理，一切井然有序，同事也都專業溫暖。可是這幾年賈莫發現，眼前痛苦的患者讓他的負擔越來越大，偶爾還會被強烈的情緒壓得喘不過氣，思緒也變得一團亂。儘管如此，他還是能夠抽離這種狀態，而且都會記得在排休時加強自我照護。

　　最近醫院為了省錢，領導階層進行了人事異動。接下來的幾個月裡，賈莫注意到自己變得更常抱怨工作上的變動，也更常批評醫院的行政支援不足。病患家屬開始情緒激動時，賈莫會請護理師來處理，自己則離開診間。

　　隨著對工作的態度日趨負面，病患也越來越容易讓他「一把火上來」，於是他開始減少接觸病患的時間。如果遇到同事有問題找他，賈莫會覺得無法承接大家的情緒，所以會想盡快結束對話。很快地，賈莫開始害怕上班，還會希望輪班趕快結束。

　　不用值班的時候，賈莫對社交聚會越來越提不起勁。老婆只是試著想溫柔的提一下最近的改變，他就會板起臉；於是老婆又會把話吞回去。

　　因為他真的是太累了，所以一放假就只想打電動、看電

視，有時還會請病假逃避去醫院上班，但是值班期間他會努力撐著。可有一天真的撐不住了，賈莫對護理師大發飆，結果護理師跑去向上級反應。醫院為此開了檢討會，賈莫的直屬上司也是醫生，他直接問賈莫「為什麼要那樣做？」

　　起先賈莫非常生氣，認為是護理師反應過度，可是在主管的關切之下，賈莫不禁情緒潰堤，承認自己最近變得不像自己了。

　　主管提出了一些實用的建議，幫助他導向健康的心態，鼓勵他使用員工協助方案的福利（像是轉介治療師），限制他的加班時數，安排健康檢查來排除其他疾病的可能。當晚賈莫回家和老婆促膝長談，決定要好好尋求協助，找回從前的自己。因為他知道，接受他人的幫忙與回饋是自我照護必須踏出的第一步。

練習與追蹤

　　精熟的前提是練習，在還沒累積大量的練習之前，就可能不會認為自己可以駕馭技能。熟習情緒反應的調適策略也是同樣的道理，下面的追蹤表會幫忙找出哪些策略已經得心應手，而哪些還需要多加練習，越常拿出來反思，就越能掌握技巧的進步情形。

　　首先，要決定想把精力集中在哪些症狀，這邊先拿憤怒當範例。將追蹤表抄到筆記本上，列出症狀、發生頻率與苦惱程度，接著，選擇想要嘗試的策略。這邊先用暫時抽離法當範例，訂出策略的練習時間，兩星期的長度會是很好的起步，記下症狀多久來一次，使用策略後再幫苦惱程度評分，便能看到自我照護計畫的成效。

　　新的技巧應該會需要更多的練習，可能你不會發現自己正在逐漸進步，但是這張表會讓你看到。

日期：十月六日

症狀或行為：憤怒，在家裡和工作時對別人大吼

最初的發生頻率：家裡天天上演，工作時一星期至少兩次。

苦惱程度的基準：

　1　　　2　　　3　　　4　　　5　　　6　　　7　　　8　　　9　　　10
（低）　　　　　　　　　　　　　　　　　　　　　　　　　　　　　　（高）

選用的策略：忍不住想大小聲時，暫時抽離一下。

地點：工作場所和家裡

練習的時間長度：兩個星期

症狀或行為的發生頻率：＿＿＿＿＿＿＿＿＿＿＿＿＿＿＿＿＿＿

最後的苦惱程度：

　1　　　2　　　3　　　4　　　5　　　6　　　7　　　8　　　9　　　10
（低）　　　　　　　　　　　　　　　　　　　　　　　　　　　　　　（高）

成果筆記：經過兩個星期的練習，我已經不會在上班時大小聲了，在家裡也只發生過兩次而已。

培養改變

不是所有的改變都很容易，只是在繼續讀下去的同時，可以參考這三個大原則來增加成功的機率：

一次處理一個問題。要是想同時解決的問題太多了，往往會什麼都還沒做好，就因為貪多嚼不爛而放棄了。

譬如說，有個很有意思的研究發現，飲食控制大多是敗在想要改變的行為太多了。想想看，一口氣改掉二十六種吃東西的壞習慣，成功的機率能有多高呢？再想想，採取各個擊破的方式，每次只對付一種習慣，聽起來是不是可行很多呢？因為每次改變的小達標都會是一劑強心針，累積能量為我們的下一次助攻。

從小步開始。假如有個女生想要靠多走路來改善體態，於是早上穿著運動鞋出門，疾走了起來，結果才過半英里（約八百公尺）就筋疲力盡。隔天，出門走路這件事，光用想的就覺得糟透了，索性告訴自己不用再走了，從此展開失敗的循環。

再說個相反的例子。幾年前我辦了場工作坊，和一個想要多運動的女生聊過。她說目標是每天要走上兩英里（約三千兩

百公尺），我問那這星期每天都完成兩英里的機率有多大，
她說百分之十。我又問：「那如果改成一英里（約一千六百
公尺）呢？」答案變成「百分之五十」。我們繼續調到四分
之一英里（約四百公尺）的時候，她說前門到信箱的距離差
不多就是四分之一英里，於是很肯定地表示能夠天天達標。
原先的目標或許是走兩英里，但是她先設定做得到的距離，
開始後再慢慢拉長。同樣的道理，決定拿出新招來處理次級
創傷的症狀時，記得目標要有九成到十成的把握才行，無法
達到的話，就再訂得小一點。──如果從馬背上摔下來，
那就立刻換匹小一點的騎上去，持續反覆到能夠穩定駕馭為
止。

慢慢前進。適應新的技巧之後，建議多練習一兩個星期，再
去增加頻率、拉長時間，繼續培養新的習慣。如此一來，不
僅可以養成新能力，還能獲得成就感。開拓新事物、持續學
習、不斷成長都是值得慶祝的事，要為自己感到驕傲喔！

練習　價值觀習題

　　想像你人在賣場裡，一轉進罐裝豆類的走道，就撞見有位媽媽猛拽著家裡的弟弟離開展示區，一邊嚴厲斥責，一邊用力打屁股。如果你是不贊同打小孩屁股的人，大概會怒不可遏，走上前給那位媽媽擺個責難的臉色。反過來說，如果你是相信小孩需要嚴加管教的人，那麼大概會對眼前的景象感到非常滿意，還會對那位媽媽笑一下。

　　以自我覺察的練習來說，瞭解自己價值觀系統裡的眉眉角角可以讓人獲益良多。假如目睹母子衝突的人正在次級創傷裡浮沉，而且反對體罰，那麼這一幕在他眼中可能會顯得很暴力，容易觸發憤怒或悲傷之類的情緒反應。立場換邊站，假如這個人不認為這類管教不好，那麼即使有次級創傷，可能也不會在心中起什麼波瀾。因此，在療癒次級創傷的這段期間，可以多認識自己的價值觀系統，將有助於釐清什麼樣的情境可能會出問題。

　　違背價值觀容易會產生罪惡感，有次級創傷的人便可能因此觸發情緒症狀。把第85頁的表格抄到筆記本裡，填完後檢視行為和情緒反應有沒有抵觸價值觀系統。留意哪些狀況讓你最不好過，調整自我照護計畫來調適症狀。記得時不時要回來看一下，才能掌握進步的狀況。

價值觀	工作上的一致行為	工作上的不一致行為	關係上的一致行為	關係上的不一致行為	不一致行為產生的情緒
誠信	有領薪水的上班時間就認真工作	上班摸魚玩接龍遊戲，沒有好好工作	有煩惱會告訴老婆	老婆問我好不好的時候，我沒有說實話	悲傷
尊重	聆聽大家在員工會議的想法，讓他們彼此討論	開會時，如果覺得別人的建議行不通，就會用輕視的口氣回應	發生爭執時會放緩步調，用心傾聽老婆在意的是什麼	大聲責備小孩沒做家事	憤怒
和善	關切同事，瞭解大家的狀況	電子郵件草草回覆，只用一兩個字打發	跟小孩玩他們選的遊戲，因為他們想教我怎麼玩	堅持全家都要去我選的餐廳，都不給他們選擇的餘地	憤怒
珍視					
可靠					
服務					
信賴					
成熟					

練習　繪製自我照護計畫

書中章節依據症狀來編排（第二章到第四章），每章最後都會以自我照護計畫作結，討論要如何減緩那一章涵蓋的症狀。不過，計畫的細節由你作主，一章讀完後，選擇最切身相關的練習來做，試試看裡面的做法，同時檢視筆記本上收集到的資訊。

自我照護的精神在於成為更好、更快樂、更健康的自己，也就是說，選擇去做促進並維持健康的事情，擺脫讓你不開心的習慣與行為。針對次級創傷症狀的自我照護意味著需要做出更多改變，而且可能不是那麼簡單。第87頁的練習表能夠從旁輔助，找出準備好做出改變的面向，量身打造自我照護計畫。

在筆記本畫上同樣的表格，針對想要啟動的改變，看清楚目前身處的階段。

自我照護計畫 *

改變面向	自我照護的明確策略	需要的資源	我正處在改變的哪個階段？
憤怒	認識我的觸發因子	感受型觸發因子的練習表	準備期
憤怒	練習暫時抽離法	在辦公室放雙運動鞋，快要抓狂時就去走一走	意圖期

* 取材自波羅恰斯卡與迪可蘭門特（Prochaska、DiClementi，一九九八年）

改變的第一階段是「前意圖期」（precontemplation），你並不覺得需要改變，至少六個月內沒有這個打算。

第二階段是「意圖期」（contemplation），這時候你已經嘗到了行為的苦果，而且想要改變這個行為。困擾著你的創傷症狀應該就落在這個階段，或是更後面的階段。

第三階段是「準備期」（preparation），這時候你會忙著計劃、準備、集結資源。

第四階段是「行動期」（action），這階段你會忙著練習新的行為，尋求支援，發展有效的自我照護策略，來促成想要做出的改變。

第五階段是「維持期」（maintenance），這階段代表改變已經持續六個月以上了，也備妥資源支持健康的行為，能夠繼續進步。

用這張表來記錄自我照護計畫，從意圖期進展到行動期，或是維持期的時候，記得要持續更新。

自我照護計畫

　　這章我們看到了次級創傷的情緒症狀可能會很強烈，但不是所有遭逢次級創傷的人都會出現相同的症狀。不過，在療傷的這段期間，無論折磨你的是什麼樣的情緒，都有辦法可以學著正向以對。

首先要理解單就情緒本身來看，並沒有好壞之分，是處理的方式才會有正負之別。情緒正在高點時，回過頭看是發生了什麼事，自己的回應是不是不太健康，因為用的是助長、逃避或轉換感受的方式。這時，不妨拿出學到的策略來管理情緒。

認識自己的觸發因子。需要的話，隨時都可以回顧第62和63頁條列的項目，複習第65頁的感受型觸發因子練習表，找出是什麼觸發了症狀。面對觸發因子，盡量努力預期，並做好準備。

管理情緒可以透過一些技巧來達成，像是生氣時先「暫時抽離」，難過時採取「與情緒相反的行動」。

保持警覺。留意疲憊與崩熬的症狀，參考第四章幫自己安穩舒眠、緩解壓力。

減輕折磨。練習第99頁的接受與承諾療法，降低負面情緒

與崩熬的影響。

幫同理再生。感到同情疲乏時，可以回到第74頁的表格。

找出黃燈行為。翻開第77頁練習自我覺察。對這類行為保持警覺，用書中的練習幫忙管理。

關心自己學習新技巧的情形，可以利用第81頁的練習表，追蹤每次的成功。

學習培養改變的三原則。管理並治療次級創傷的症狀時，都要記得把原則放在心上。

檢視價值觀系統。行為會影響價值觀系統，建議拿出第85頁的表格來對照。

　　善用第87頁的表格，記錄自我照護計畫與改變階段。

重點整理

☑ 感受可能會成為創傷相關的觸發因子。

☑ 感受來自想法,而對事件產生的反應會形成想法。

☑ 憤怒、悲傷與絕望都是創傷常有的感受。

☑ 處理情緒有四種基本策略:助長、逃避、轉換與管理。

☑ 認識情緒的觸發因子有助於選擇有效的處置策略。

☑ 崩熬與同情疲乏的問題各自獨立,但是都可能與次級創傷有關。

☑ 辨認崩熬與同情疲乏的訊息很重要,因為這有助於制訂計畫來減緩衝擊。

第三章

內心想法

　　想像你正在上班開會,聽各組組長提出行銷企劃。兩位同事已經簡報完畢,也都大力強調團隊成員的貢獻。接著,輪到你家組長上場了,結果明明是你和組員的點子,他卻說是自己的功勞,而你們的貢獻他一個字也沒有提。

　　這時你開始想:「他永遠只想到自己」、「根本像被甩了一巴掌」、「以後再也不要相信他了」。接下來的一整天你翻來想去,厭惡和忿忿不平的感受越來越強烈。而大致上整件事是這樣的:

事件

組長搶了你的功勞。

↓

想法

他永遠只想到自己。

根本像被甩了一巴掌!

以後再也不要相信他了。

↓

感受

厭惡和忿忿不平。

↓
行動驅力

退縮。

忽略組長的電子郵件。

拒絕給組長回饋。

我們容易會認為想法和感受是分開的，但是從上面的例子可以知道，生活裡的事件會觸發想法，想法會產生感受，然後形成行動驅力（action urge）。換句話說，感受會跟著想法走。

上一章我們學習如何管理感受，來減緩次級創傷猛烈的情緒症狀。這一章從感受往上游移動，探索造成不適情緒的想法。一旦意識到自身的思緒並學習介入處置，就有機會在被情緒淹沒之前，先斷開事件導致行動的連鎖關係(event-to-action chain)。我們可以先一同來看將自己與擾人想法「拉開距離」(distance)的方法，不要再被它們箝制。接著，學著「審視」（examine）想法，辨識次級創傷衍生的扭曲思考方式。最後，會討論「重新建構」（reframing，亦譯「重新框架」）想法，用正面思考取代內心負面的聲音。

次級創傷會改變人的想法

創傷不只會影響你的想法，也會影響你的感受。在試圖理解發生了什麼事，以及該事件代表了什麼意義的過程中，對創傷事件與周邊相關事物的想法可能會越來越負面、越來越扭曲。

來聽聽蘇珊的故事。身為巡警，蘇珊曾多次處理家暴肢體攻擊的報案電話。每次受害者的情緒都很激動，所以很難釐清案情的原委。

就在某次蘇珊與某位當事人進行警詢程序的一個星期過後，有位偵辦謀殺案的警探與蘇珊連絡，因為當事人死了，警探想瞭解更多細節。不久之後，蘇珊會開始不停地想像局裡質疑她能力的各種批評聲浪，覺得自己一定是哪裡做錯了，上級想必對她很失望，認為自己一直以來不過只是自我欺騙、自我感覺是個好警察。雖然後來警探詢問完畢，表示蘇珊一切都符合程序，但是她仍然持續自我批判，對自己和工作抱持著負向認知。

創傷後的想法可能會扭曲成各種面貌，所以要提高警覺，留意思考習慣的誤區：

對失憶片段產生錯誤的解讀。目睹創傷事件之後，記憶不完

整是常見的事。由於大腦對創傷資訊有自己的編碼方式，部分細節可能會比一般記憶更難提取。這時，試圖去填補記憶缺口，可能反而會得出錯誤沮喪的結論。

譬如說，二〇一七年十月，拉斯維加斯發生了槍擊事件，事後有很多生還者告訴我，失憶是因為大腦保護他們免於觸及當時目睹的恐怖場景。有時候，創傷倖存者會認定他們在記憶空白的期間做了什麼可怕或違法的事，他們可能會認為自己遇到了什麼想不起來的糟糕經歷，也可能會因為無法想起完整的經過而覺得自己很軟弱。然而，這些解釋都不太可能是真的，而且對有次級創傷的人來說，去盤點、評論這些可能，是十分煎熬的。

負向認知。直接創傷和次級創傷都可能會迫使你對自己、對他人或世界產生負面的觀感。可能會認為自己一再處在受害無力的位置；可能會覺得自己破碎、軟弱、可悲、不夠好；最後可能會認定不能信任其他人，親友不會支持你也不會陪伴你，而且在他們眼裡你只是個累贅。此外，還可能會覺得周遭環境或是整個世界都不安全了，開始相信世界上充滿敵意，即使是旁人最無害的舉動，在你眼中都成了不懷好意。

誇大責備。解讀創傷事件的過程中，可能會不知不覺的過度

怪責自己或是其他人，即使那是自己，都有助於產生可預期的心安感。如此一來，會覺得只要改變自己的行為或是避開造成創傷的人，就能夠防止創傷重演。

誠實地評估創傷事件的所有肇因並沒有錯，讓闖禍的人負責也很合理，然而，錯誤、誇大或是毫無根據的責備都不會促成好的結果，反而會引發恐懼、憤怒和羞恥等痛苦的情緒。

想法會生出感受，扭曲的思維，可能會讓人被不愉快的情緒淹沒，就好像是抽光了體內的正向感受。好消息是，可以學著去識別扭曲的看法，而要檢視想法的話，需要先退一步，拉開一點距離才行。

你的想法，不等於你

　　想像你在畫廊欣賞一幅巨型畫作，如果和畫布只隔著一英寸（約二點五公分）的距離，便會掌握不到畫作真正在描繪的內容，眼前只有一團團的色塊與顏料，完全看不出整張圖是裝著花的花瓶、田園草地，還是抽象線條與形狀的集合。這和檢視自身的想法是一樣的道理：靠太近會很難看清，可是當拉出一點距離之後，不僅更容易理解，還能在思緒干擾的時候出手處理。

　　將注意力放到想法上面時，一定要記得：你怎麼想，不等於你就是怎麼樣的人，這點非常重要。萬一創傷讓你變得負面，傾向放大責怪，還有出現其他形式的扭曲思考，也都不代表你是壞人。上一章點出憤怒這類的情緒本身沒有「不好」，是回應方式才有正面與負面的差別。套用同樣的邏輯，覺得自己的想法十分丟臉或是加以責怪，只會讓人更難瞭解你自己，而且想法會變，它並不能定義你。

　　這時，可以使用「接受與承諾療法」，來幫我們將自我與想法拆開，鼓勵所謂的「認知脫鉤」（cognitive defusion），也就是與自己的想法建立關係，保持開放好奇又感興趣的心態，即使是那些困擾你的思緒也一樣。如此一來，將更能察覺並杜絕扭曲的思考。

　　舉個例子，可能你心裡想著「我的工作表現不夠好」，於是感到很氣餒或脆弱，迴避要求升遷或獲得獎勵的，寧願默默工作不願告訴別人自己的付出。今天如果換成好奇的態度，去思考「為什麼我會這樣看自己」，可能就會發現，原來自己是為了實際上並沒有犯下的錯誤而自責，和前面蘇珊巡警的故事一模一樣。

　　這邊提供幾個接受與承諾療法的技巧，幫助你隔開自我與想法，開始好好檢視：

脫去文字的語言意義。有沒有過這樣的經驗呢？那就是一個字用了太多次之後，它似乎就失去意義了。這邊的脫鉤法就是藉由強化這個現象，來除去字彙對我們的殺傷力。譬如接受與承諾療法治療師常用的「牛奶、牛奶、牛奶」練習正是如此。

一九一六年鐵欽納（Titchener）首度提出牛奶法的初版，先請患者思考「牛奶」一詞的多種意涵，像是擠牛奶、一杯牛奶、喝牛奶的聲音等，接著不斷重複「牛奶」這兩個字，一遍又一遍，一直念到只聽得到聲音，再也看不到杯子或是任何感官畫面為止。這樣做可以幫我們意識到文字不過是符號而已，沒必要賦予過多的連結。

一開始先拿「牛奶」這類中性的詞語來練習，再去嘗試「輸

家」和「失敗」這種打擊自己的負面字眼。

握好方向盤。在這個脫鉤的比喻裡，想像自己開著公車，「想法」則是車上的乘客。這群想法乘客可能會指揮你該做什麼、該去哪裡，基本上你可能會照做，好讓他們安靜下來。可是坐在駕駛座上的人是你，你可以決定放慢車速，與乘客對話，必要時甚至可以——把他們趕下車。當擾人的思緒失控時，就想想這個畫面吧。

忍住不要上鉤。會寄釣魚電子郵件的人，就是想塞給收件者足以煽動情緒的不實資訊，讓他們在倉促之下回覆，這時寄件者在放餌「釣」你的帳號、密碼等個資。不過，假如你詳加嚴查，訊息的假造意圖就會昭然若揭。如果可以把讓人困擾的想法像對付釣魚手法那樣，就會明白情緒如何被想法綁架，於是才有不健康的感受和行動。

練習　解開關卡

　　要是想更清楚自己在想什麼，可以開始寫日誌，記錄引發強烈情緒的事件，並列出當下的想法。

　　這項練習往往可以讓你看到自己在哪裡「卡關」，也就是說在不健康的模式裡打轉，而或許正是因為有這些想法，才會不斷做出會導致「卡關」的行動。下面的表格就是日誌範例，是一名剛離婚恢復單身的女士所填寫的。

　　填完表格後檢視自己的想法，結果發現只要有事情讓她想起那段失敗的感情，她就會對自己說一些令人傷心寂寞的話，讓情緒越陷越深。審視這些念頭之後，她決定當這些感受再次出現時，就要用正面堅定的態度迎擊：「朋友都超讚、超挺我」，「我很幸運，工作富有挑戰性」，而且「只要我準備好了，就會試著再去約會」。

　　發現自己重複掉入同一種情緒反應時，就在筆記本寫下這張表格，幫忙找出讓你卡關的想法。

情境	感受	想法
有誰在場？ 發生了什麼事？ 什麼時候發生的？ 你人在哪？	列出與情境相關的所有感受，從零到十分為感受打分數。	腦中在想什麼？ 列出全部的想法或畫面。
星期四開車上班，切換廣播頻道時聽見了情歌，然後就哭了起來。	傷心（八分） 寂寞（十分）	再也不會有人找我約會了，我是失敗者…… 自己又老又孤單。

練習　識別扭曲的想法

　　許多創傷反應其實都是一段在尋找解釋的過程，我們想要釐清創傷事件發生的原因，好有多一點掌握生活的踏實感。但若是我們不夠敏感於「這是療癒歷程的一部分」，可能會導向不正確的結論或是錯誤的認定。

　　如果原本是跟自己說「壞事總是會發生在我身上」，現在換成「雖然有時會發生一些壞事，但我的生活大部分還是很棒的」，或是「大家都會有不順的時候，我沒有比較倒楣」，感覺就會完全不同。

　　下面列出幾種常見的認知扭曲，應該多加防範。

　　把清單抄進筆記本，寫下在腦中浮現的頻率（從不、極少、偶爾、有時、經常）。越來越清楚自己的想法後，可以重新評估頻率，觀察思考模式的轉變。

非黑即白的思維。分類情境的方式非常武斷，會用「所有人」、「絕不」、「永遠」、「完全沒有」這類說法，沒有例外或是些微差異的餘地。
範例：我永遠都做不完。
正向反駁：就算沒有做完，已經完成的部分還是很有價值。

註銷正面評價。不相信他人的正向回饋，拒絕接受讚美。

範例：他誰都誇獎。

正向反駁：辛苦付出有人看見了，我感到自豪。

放大負向層面。即使整體進展顯然還算順利，但還是會過度聚焦在不好的那一面。

範例：演說的前兩分鐘我講得結結巴巴（儘管後來說得非常精彩，還備受肯定）。

正向反駁：前面一小段我的確是表現得不好了，可是之後就講得很好了。

過度類化。只看見一個小小的細節，便描繪出不精確、甚至整個歪掉的全貌。

範例：早上跟小孩鬧得不愉快，我真是個糟糕的媽媽。

正向反駁：早上我發了頓脾氣，但這並不是常態。沒有人是完美的。

自行揣測心思。自行判定別人的想法、感受或是下一步，而不是和他們確認真實的狀況。

範例：我就知道他不愛我。

正向反駁：一起度假的時候他好像不太開心……來問問他是不是有什麼煩惱好了。

妄加直斷的預測。單憑非常薄弱的支持證據，就對未來妄下定論。

範例：老闆今天心情很差，我就知道他要開除我了。

正向反駁：我來打聽打聽好了，看看有沒有人知道老闆為什麼不開心。

用「應該」的規則要求自己或他人。將缺乏根據不合理的「應該」規則或是「必須」規則，套到自己或是其他人的身上。

範例：今天我一定要做到最好。

正向反駁：今天我會全力以赴，然後坦然接受結果。

個人化傾向。儘管還有很多其他的因素，但還是會把原因往自己身上攬。

範例：她不喜歡和我一起，所以才會遲到。

正向反駁：她之前說很期待一起吃午餐，想必是有什麼事情耽擱了吧。

控制謬誤。表現出好像為所有事物負責，或是對任何事物都無能為力。

範例：我要讓主管知道她太寬待助理了。

正向反駁：我不認同她的人事決策，但這件事不會影響到我。

公平謬誤。預設全世界的人都理解也同意遵守同一套規則系統，打破規則就是「不公平」的表現。
範例：為什麼有人停我想停的車位呢？
正向反駁：想停這個位置的話，我就應該早點過來。

貼標籤。全面概括推理，用情緒化的字眼描述自己或別人。
範例：開會讓我好緊張，我是個徹底的失敗者。
正向反駁：人多讓我感到不自在——那就坐在認識的人旁邊好了，我會比較放鬆。

我思故我「做」

像這章開頭提到的，事件觸發想法，想法帶來感受，感受促成行動，如同一排倒下的骨牌，我們稱之為「從事件到行動序列」（event-to-action sequence）。不過，冒出某個想法不代表行為上「一定要」照做，你可以在下一張骨牌倒下之前就出手阻止。

從想法到感受，再到行動，這邊可以把行動拆解成兩個部分，會先感受到「行動驅力」，接著才執行行動本身。

想像暖和的天在花園裡蒔花弄草，這時突然覺得有些口渴，於是想回屋內喝東西的驅力出現了，可是這不代表你會立刻聽驅力的話。也許你會打算等修整完最後一塊草皮再行動，也許你會收拾好園藝工具，回去順路放進小倉庫。只是隨著行動的延遲，驅力會越來越強烈，最後你會直接丟下園藝工作跑去喝水，而就在採取行動的同時，驅力也跟著消失了。

同樣的情節天天以數不清的形式在上演，「從事件到行動序列」大多具備功能性，甚至還有點乏味。然而，如果序列不健康，那就應該審視各項要素，準備開始改變。

想像你是協助創傷倖存者的心理治療師，最近工作負擔越來越大，也注意到自己出現了一些逃避行為，像是療程

一開始患者就在閒聊，但你沒有將話題導向正在處理的創傷，反而任由閒聊持續進行，占用治療時間。一個星期下來，你對自己的行為產生了越來越深的罪惡感。

如果套用「從事件到行動序列」，流程如下：

事件

創傷個案療程。

↓

想法

這份工作的負荷強度太高了，我應付不來。

↓

感受

焦慮，喘不過氣。

行動驅力：逃避。

行動：放任個案繼續閒聊。

結果，與同儕督導團體的成員見面時，有同事承認他也在做一樣的事。經過討論，你們發現這些逃避的行動驅力是很自然的反應，只是沒必要陷在裡面。你想了想出現過的想法與感受，決定試著改變序列，並引進新的看法：

事件

創傷個案療程。

↓

新想法

這份工作很重要,需要高度專注。

↓

感受

堅定,焦慮減少了。

行動驅力:慢下來,重新自我定位。

行動:複習患者的治療計畫,再次決心投入。

　　如果行動或行為不是你想要的,那就檢視背後的想法,換個新想法來改變結果。這邊的例子中,治療師提醒自己工作的重要性,於是焦慮感也減少了。忍不住想逃避工作困難時,就拿出治療計畫,提醒自己要和個案一同完成。

　　用這種方式切斷想法與行為的連結確實有效,只是可能需要重複試個幾次。想從創傷中復原,就更應該重視這項策略,因為可以幫忙建立更即時、更自動的反應習慣。運用「從事件到行動序列」分析想改變的行為,檢視背後的思維,觀察加入新觀點的序列會產生什麼變化。

練習 　**觀察想法來來去去**

　　正念（mindfulness）這種沉思法教人放慢腳步，聚焦自身，並且更能覺察自身的想法、感受與經驗。想將自己與想法拉開距離時，正念冥想特別管用。先從一天一次幾分鐘的練習開始，等到上手之後，情緒奔騰時就可以試著運用正念冥想，來分離擾人的思緒，幫自己靜下心來。

1. 先找到舒服的坐姿（可以的話，躺在床上也很好）。
2. 閉上眼睛，保持自然地呼吸，注意周遭的聲音和身體的感覺，但不用特別集中心神在上面。
3. 思緒紛起爭奪專注力的時候，在沒有施加能量的狀況下，任它們逐一淡去。可以嘗試運用以下的視覺想像：
   - 幻想自己正躺在一片美麗的草地上，看著思緒如浮雲般從上方逐一飄過。
   - 想像你的思緒就像搭乘列車的經過，你聽得見鐵軌哐噹作響，然後目送車廂遠去變小。
   - 想像思緒會隨著輸送帶移動，然而經過你面前的時候，每段思緒都只能得到你幾秒鐘的關注。
   - 想像秋日坐在平和的流水岸邊，看著思緒如同葉子漂過，緩緩地隨水流走。
   - 想像把思緒寫在氣球上，一顆一顆放掉，看著它們飄向天際，消失不見。

練習 你的行動多有效？

我們討論了想法如何觸發感受，感受如何引發行動，而注入新想法可以改變序列，促成更健康的行動。不過，次級創傷要從哪裡開始撫平才好，有時不是那麼一目瞭然，而且呼應第二章的內容，改變不要想著一次到位，執行起來會比較容易。

關於行動與行為的衡量指標，有時「多有效」會比「多健康」還要有幫助。在評估重點行為時，建議換成「有效」這個情緒色彩沒那麼濃厚的指標，並搭配以下三個問題：

就短期而言，這項行動對我來說真的是最好的嗎？

這項行動有沒有處理到觸發它的情緒呢？

這項行動能不能為我的長期目標帶來正向的結果呢？

在筆記本寫下表格，記錄要評估的行為。

行動	情緒	符合短期 效益嗎？	有處理 情緒嗎？	符合長期 效益嗎？	需要改變嗎？
大吼	憤怒	符合， 大家會讓我 自己靜一靜。	沒有， 事後我還是 在生氣。	不符合， 我想和他人 親近，不是 推開人家。	需要
暫時 抽離	憤怒	符合， 可以重新整 理心情。	有， 會比較冷靜， 也可以挑出 思考哪裡扭曲。	符合， 並沒有傷到 人際關係。	不需要， 目前還算順利。

【深入探索】
正念呼吸

之前我們討論過正念冥想的技巧（第111頁「觀察想法來來去去」），這種做法不是只有包含冥想，還涵蓋了祈禱、寫日誌、瑜伽練習等活動。

此外，我們也能透過學習專注現在，投入當下，抽離想法、感受與過去經驗，來落實相對廣義的正念練習。研究顯示，正念能有效改善憂鬱、焦慮、負面心情與慢性疼痛，有助於情緒調節與免疫系統運作，並能辨識負面思緒，活絡正面情緒。

想深入探索正念技巧，練習正念呼吸是很理想的第一步。

1. **深呼吸，觀照感官知覺。** 流進鼻腔裡的空氣溫度如何？有感覺到空氣往下進入肺部嗎？有感受到肺部的擴張嗎？空氣有沒有一路跑進肺部下葉呢？
2. **吐氣，注意隨之而來的所有感官知覺。** 深呼吸還可以再更深一層嗎？淺層的呼吸感覺如何呢？可以放慢呼吸的速度嗎？感覺起來怎麼樣呢？
3. **重複幾次都沒問題。**

這種正念呼吸能夠幫助你調整重心，平靜內在。建議天天練習，在需要穩定思緒的關頭就能派上用場。

回答蘇格拉底式的問題

　　幾個世紀以來，學習主動調整思考一直是哲學辯論的一道題目。確實，知名的希臘哲學家蘇格拉底（Socrates）對此也有廣泛的討論，從文字紀錄可知，他認為當思考不準確、不管用的時候，就要去理解並改變思維，可見他深知這點的重要性。蘇格拉底設計了許多思考練習，幫助追隨者更能察覺自己的思緒，下面主要就是以這些問題作為原型。

　　檢視可能造成煩惱的思緒，用筆記本回答下列問題，將最富啟發的答案標出來。留意想法有沒有扭曲變調、錯誤失真、缺乏助益，還是屬於準確無誤、正向、有所助益的那一邊。

- 想法浮現時的情境是什麼？
- 想法浮現時，我在思考什麼，或是想像什麼呢？
- 是什麼讓我覺得我的想法就是真實的呢？
- 是什麼讓我覺得我的想法不正確，或者不完全正確呢？
- 還可以用什麼不同的角度來看待這件事呢？
- 這個想法中最糟的狀況會是什麼？我又會怎麼反應呢？
- 最好的狀況會是什麼呢？
- 最可能的狀況會是什麼呢？

- 假如我不斷灌輸自己同樣的想法，最後的狀況會是怎樣呢？
- 假如我改變想法，可能的狀況會是什麼呢？
- 假如這件事情是發生在朋友身上（想個明確的人選），我會跟他說什麼呢？

重建想法框架

　　學會如何在自己與想法之間拉開距離，知道要檢視並測試思緒，接著就可以介入改善了，開始針對扭曲不健康的思緒「重建框架」（reframe），幫助我們改變感受與行動。這點其實之前有稍微講到，就是在「事件－行動序列」導入新想法的地方。這次的練習主要是用健康平衡的想法，替換掉負面扭曲的特定想法。

　　用這種方式正視想法，並在紙上練習改寫，可以訓練腦袋即時替換的能力，以後遇到沒有助益的念頭時，就能進行轉換。

　　將下面的表格抄到筆記本，列出觸發次級創傷症狀的事件。針對每次的事件，盡可能寫下當時在想什麼，接著再寫下相對平衡、準確、有幫助的替代想法。（可以在範例的事件後面加上平衡的想法，當作額外練習。）

事件	原本的想法	平衡的想法
在健身房看見身材精實的人。	我永遠都沒辦法有好看的體態。	我有持續在運動，而且現在也比剛開始進步了。
聚會裡不認識的人很多。	我這個人就是不夠有趣。	
老闆詳細的解釋專案步驟。	他一定覺得我很蠢，把我當成小孩一樣。	
聽見煙火的聲音，就像槍響一樣。	我又要中槍了。	
朋友要取消晚餐的約。	我一定是惹到他了。	
員工會議時，簡報講得不是很好。	我非常不自在，升遷永遠不用想了。	
老婆今天工作不順，不是很想講話。	他沒怎麼講話，是因為我太無趣了。	
高速公路有人超我車。	他是故意的！	
主管誇我心臟急救個案處置得很好。	每個人他都會稱讚。	
有天壓力特別大，吼過一次。	我老是在生氣。	

科拉的故事

科拉的媽媽珊卓，在上班的停車場遭人襲擊，於是科拉開始負責照顧她。科拉在家裡排行老大，自己有兩個小孩，分別是十五歲和十二歲，和老公住在一起十七年了。除了要照顧家人和媽媽，科拉還有兼職工作要做。

襲擊造成媽媽頭部受創，多處骨折，有三個星期都需要藉由藥物維持昏迷的狀態來保護受傷後的腦部。歷經了好幾場的手術之後，轉到復健醫院進行物理治療與職能治療。媽媽隨著身體逐漸復原，開始不斷對科拉、醫生、護理師和警察重述遇襲的細節。可以出院回家時，媽媽打給科拉，哭著說很怕那位攻擊她的男人會找上門，「繼續還沒辦完的事」。

科拉和老公決定讓媽媽過來一起住，因為媽媽不會開車，往返醫院看診都需要接送。於是科拉每天都要接送媽媽，同時還需要兼顧家庭與工作。就這樣，科拉發現自己開始會睡不好。經過了好幾個月，她要處理媽媽到醫院看診，配合警方更多的調查，媽媽還會和她聊很多創傷的故事。科拉變得很容易生氣、疲倦、沮喪，也注意到只要人不在家，就會隨時處於神經緊繃的狀態，要好好照顧老公和小孩也變得很困難。有時候科拉覺得整個人都沒電了，有時候卻連芝麻綠豆大的小事也能讓她勃然大怒。

　　襲擊事件兩年之後，科拉的體重增加了二十五磅（約十一公斤），血壓也變高了，醫生覺得有必要關切她的狀況，而就在問診的過程中，媽媽遭到襲擊、上法院開庭，以及種種感受一下子傾洩而出。

　　醫生建議科拉去找他的精神科同事看診，進一步衡鑑次級創傷的問題。科拉以為醫生搞錯了，受害的是媽媽，不是她自己。醫生解釋說因為她需要照顧媽媽，還會反覆聽到襲擊情節，都可能會讓科拉自己出現創傷反應。於是她同意接受次級創傷的評估，衡鑑媽媽的創傷對科拉自己產生的衝擊。

練習　向下箭頭法

　　萬一遇到的想法不好處理，難以重建框架，就可以拿出向下箭頭這招。做法簡單有效，出自「認知行為治療」（Cognitive Behavioral Therapy，CBT），認知行為治療強調想法、感受與行為之間的交互影響，希望能達到心理安適的狀態。可以先決定一個想要探索的思緒，問問自己「這個想法是什麼意思」，出現的任何答案都要拿這個問題再問一次，一直問到挖掘出想法的深層意涵為止。

　　整個循環可能三個箭頭就能完成，但也可能會到十個以上。最後可能會得出更正向平衡的觀點，不過目標還是會以充分理解最初的想法為主。

　　可以選擇大聲講出答案，也可以在腦中默默練習就好。把答案寫在筆記本上應該會很有幫助，方便之後回顧整串問答。練習大概會長這樣：

找不到可以相信的人。

↓

對你來說，這個想法代表什麼？

↓

別人會讓我失望。

↓

對你來說，這個想法代表什麼？

↓

我永遠都會受傷，就像現在這樣。

↓

對你來說，這個想法代表什麼？

↓

做什麼都沒有用，狀況也不會變好。

↓

對你來說，這個想法代表什麼？

↓

我放棄嘗試了。

↓

對你來說，這個想法代表什麼？

↓

我不知道接下來該怎麼辦。

↓

對你來說，這個想法代表什麼？

↓

我想要尋求協助。

↓

對你來說，這個想法代表什麼？

↓

我比我想像的還願意接受改變。

練習　想法記錄

　　認知行為治療還有另一種常用策略，就是做想法記錄。次級創傷的症狀造成問題時，就把它寫下來，接著檢視內容，為當時的思想與感受重建框架。

　　把表格抄到筆記本，填寫創傷的相關事例，事情發生後要盡快記錄，趁著細節都還印象深刻時寫下來。

事件	和朋友在餐廳吃飯，服務生把餐盤上的盤子弄掉了，我嚇得全身一震。
觸發因子	巨大聲響；旁邊有陌生人。
脆弱因子	早上工作很不順，人已經非常緊繃了。
想法	覺得自己殘破不堪。
感受	害怕五分。 丟臉八分。
想法真確的證據	都已經一年了，還是會被嚇得心驚膽跳。 其他人都沒事，只有我這樣。餐廳讓我很不舒服。
想法不真確的證據	我很快就冷靜下來了，還可以拿來自嘲。 朋友還是很喜歡和我出來。
健康的想法	我一直很積極要讓自己進步， 也越來越知道怎麼讓自己冷靜下來。
重新評估感受	害怕一分。 丟臉二分。

事件：記錄事件的經過、時間、地點，以及有誰在場。

觸發因子：有察覺到什麼觸發因子嗎？（第二章）

脆弱因子：有沒有什麼狀況會讓你更容易產生負面反應？

想法：事發當下與之後的想法是什麼呢？對你來說又代表了什麼？

感受：列出感受到的情緒，從零到十分，評估每種情緒的強烈程度。

想法真確的證據：如果記錄裡的想法真確，把證據全部列出來。

想法不真確的證據：如果記錄裡的想法完全失真或是只對了一部分，把證據全部列出來。

健康的想法：寫下健康的想法，要更加真確，還要更能反映脆弱因子與觸發因子。

重新評估感受：把之前的感受列出來，再以新的健康想法為基礎，從零到十分再次評估現在感受的強烈程度。

自我照護計畫

　　這章探討了想法在次級創傷復原歷程中扮演的角色，從事件到行動序列切入，看見想法如何生出感受，感受如何形成行動。因此，認識內心的想法有助於介入處理這條序列。

　　計畫的第一步就是要體認到想法不等於本質，「你的想法不等於你」，令人不舒服的想法並不會把你變成糟糕的人。放下對自身想法的羞恥與責備，才更能理解自己的思緒。

　　學習第100頁接受與承諾療法中的「認知脫鉤技巧」，與令人困擾的想法保持距離；運用第102頁的練習，找出讓你卡關的想法；搭配第104到107頁的清單，辨識認知扭曲的情況。

　　拿出「事件到行動序列」，觀察不同的想法會如何產出不同的行動驅力。試著透過「正念冥想」將自己從想法裡拉出來，覺得快被紛亂的思緒與情緒淹沒時，「正念呼吸」能幫你緩和下來。

　　拿效益當標準來「檢視想法」，第113頁的表格會幫忙將行動和情緒連結起來，第115和116頁的問題則可以協助檢驗想法。

　　填寫第117頁的練習表，用健康平衡的思緒，為不健康的想法「重建框架」。套用「向下箭頭法」與平衡的思緒接軌，加深對潛藏想法的認識。

　　如果碰上不愉快的事件，事後可以做「想法記錄」來加以檢視，接著幫想法重建框架。

　　回到第87頁，也就是第二章結尾的表格，追蹤自我照護計畫與改變階段。

重點整理

☑ 次級創傷在很多方面都會改變你的想法，認識這些改變可以幫忙改善思維。

☑ 認知脫鉤法有助於將自己與自己的想法分開。

☑ 我們的想法或多或少都有扭曲的地方，認識扭曲的各式形貌，可以更容易挑出這些扭曲的想法。

☑ 冥想法非常有用，能幫自己從想法中解放出來，並從創傷中療癒。

☑ 站遠一點看待自己的想法，有助於加以檢視與測試。

☑ 可以幫不健康的想法重建框架，或是用正向的思維來替換，這樣能激發更多健康的情緒與行為。

第四章

身體健康

　　如果你正處於次級創傷中，那麼可能會面臨親友的疑惑，不解你的身體怎麼會有症狀。但是，可能就連你自己也摸不著頭緒。畢竟就定義上來說，次級創傷講的確實是發生在別人身上的事，如果你人根本不在事件現場，又怎麼會影響到你的身體呢？

　　事實上，身體和心靈在很多地方會互相連結，高壓的工作環境可能會讓人覺得胃整個揪在一起，而一整天下來肩頸僵硬或是頭痛發作，這都是心理狀態引起的生理症狀。只要有情緒，身體就會有反應。

　　遇到創傷事件時，身體會預備好是要戰鬥、逃跑還是投降。如果接觸到創傷事件的細節或是畫面，次級創傷也會引發這些反應，久而久之，長期處在「戰－逃－降」（fight/flee/freeze）的狀態可能會影響身體，只是我們不一定會意識到現在的症狀與最初的創傷暴露有關。於是我們可能會有消化不良、頭痛、這裡痛那裡悶、血壓升高等問題，甚至會因為免疫系統變差而導致容易得到季節性流感或感染問題。

　　在這一章，將討論次級創傷如何顯現在身體症狀上，也會學習一些身心療癒技術，並花多一點的篇幅特別關照「睡眠」——因為這是身體自癒和修復的重要機制。此外，也會談到如何增進運動和飲食習慣的方法，以打造堅實的療癒基礎。

次級創傷會如何影響身體

　　一開始，創傷會啟動大腦的恐懼迴路——它主要位於杏仁核，狀似杏仁，聚集了許多神經。——啟動機制會釋出特定的化學傳導物質，又稱神經化學物質，會讓身體進入全面戒備的狀態，好應對危險。不過，有時大腦這區不太知道什麼時候算是脫離險境，因為人類經過演化，恐懼反應是用來躲避獵食者和其他明顯的威脅，所以在判斷其他人類或是現代危害上，比較沒那麼精準靈敏。而面對次級創傷時，威脅和安全之間的界線甚至可能會更加模糊，畢竟是透過重述的細節和畫面來接觸創傷事件，並不是直接暴露。

　　但如果大腦一直卡在求生模式，身體會充滿（滿布）戰或逃的神經化學物質，時間久了，健康可能會有多處亮紅燈，可能會出現：

心血管問題：經歷創傷時身體所釋放的化學物質，藉由心跳加速與血管擴張，以增加血流去面對威脅，可是，時間一拉長，可能會導致高血壓、循環系統發炎與心臟疾病。

肌肉疼痛：一旦開啟戰或逃的機制，身體會將血液打向肌肉來產生力量。萬一作用持續不停，肌肉會一直緊繃，造成頸背酸痛、頭痛或偏頭痛。緊繃的狀態還會影響睡眠，造成過

度警覺。——因為身體會認為肌肉緊繃就像是警示我們環境不安全的訊號。

內分泌系統問題：內分泌系統負責將化學傳導物質釋放進血液，如果持續不斷地製造戰或逃的化學物質，可能會讓免疫力下降，容易造成內分泌失調，像是糖尿病、肥胖以及慢性疲勞症候群。

腸胃問題：基本上，啟動戰或逃的反應會關閉消化系統，因為這對短期的生存目標並不重要。萬一大腦沒有切換回安全模式，可能會繼續抑制消化系統，造成胸口灼熱感（俗稱火燒心）、胃脹氣、腹鼓脹、食慾問題、腹瀉、便秘、噁心，還可能會讓腸躁症或克隆氏症（慢性腸道炎）惡化。

生殖健康問題：男女生殖系統都屬於內分泌系統的一部分，會受到創傷影響並不稀奇。對男性而言，創傷可能會降低睪固酮，減少製造精子，降低性慾；對女性而言，創傷可能會改變生理週期，壓低性趣，也可能會增加經前不適。

　　這樣看下來，有好多地方都可能會出毛病，不過請記得，不是每個人都會集所有症狀於一身。好消息是，身心的連結是雙向道，如果多運動又吃得健康，不僅會增強肌肉，補充更多營養，還能睡得更好，進而提振心情，化解憂鬱和焦慮。如果能夠抒理想法與情緒並減少壓力，也能同時修復

免疫系統，調節消化環境，還可能緩解其他慢性疾病。身心交互連動，代表能從雙邊並進，一起改善健康問題。

長期壓力

　　身體的最佳設定是去處理那些有明確的起始、過程與結束的壓力，然而可惜的是，現代生活裡的壓力可能沒有那麼界線分明。我們面對的可能會是「慢性壓力」，無法預測，也沒有明確終點。諸如貧窮、關係失能、艱難危險的工作、長期健康問題等，都可能積累成慢性壓力，隨之長期分泌的荷爾蒙，尤其是「皮質醇」（cortisol）這種化學物質，會帶來許多疾病和健康問題，造成心臟病或部分癌症，也會提高意外和自殺的風險。

　　如果你同時背負著創傷和慢性壓力，可能會讓皮質過度激活，這時，調理創傷，學習減壓新法，都能夠修復身體，改善生活。

身心療癒

　　療癒心智不能不管身體，治癒身體也不能脫離心靈，兩者互連成為一體的系統。換句話說，前幾章學習處理創傷

的想法與情緒症狀,那些策略也會有助於治療身體。反過來看,特別調理身體,也可以提供心智最佳的癒養環境。把下面的原則放在心上,保持身心安康:

留意情緒如何影響身體。 受情緒所困時,如果應對的方式不健康(第二章),身體的反應可能會抑制免疫系統。於是可能會傷風感冒、得流感或是感染其他病毒。此外,情緒與壓力也可能有損睡眠品質、心血管健康、消化功能以及胃口,或是造成肌肉緊繃和頭痛。只要次級創傷引發出強烈的情緒症狀或是壓力,就要特別留意身體狀況與生理反應,花多一點心力,確保自己能好好睡覺、好好運動、好好吃飯。

當身體不舒服時,要評估情緒狀態。 萬一生理症狀突然加劇,便需要評量情緒健康。想一想:需不需要多花心思去調節感受(第二章),或是處理引發感受的想法(第三章)呢?

不要讓情緒症狀干擾健康的維持。 有時情緒太過強烈,壓力太過巨大,會讓人忽略了自我照護。只不過,忙著處理次級創傷的心理議題時,還是要持續進行能保持身體健康的活動,像是要吃得健康、睡得安穩、定期健檢,以及乖乖吃醫生開的藥,這些都很重要。

練習　提升身心覺察力

　　有個方法能夠幫助自己時時掌握身心健康，那就是進行「身心掃描」。你可以這樣做：

1. 從這樣開始：躺下來，或是坐在舒服的椅子上也可以。閉上眼睛，放輕鬆。

2. 關照心理活動。留意思緒來去的速度，它們是快速流轉呢？還是緩慢飄動呢？

3. 觀察想法的性質。它們是正向？負向？還是中性的呢？

4. 接著，把心思轉到想法的內容上。今天不斷去想的是什麼事情？是必須完成的事情嗎？昨天發生的事情嗎？許多年前的舊事嗎？未來可能出現的問題嗎？

5. 記下整體的感受狀態。會幫這些感受貼上什麼標籤呢？有這些感受你自在嗎？這些感受你熟悉嗎？這些感受合理嗎？

6. 然後，把注意力放到身體上。先專注在頭部，有感受到什麼感覺或張力嗎？會感到緊繃嗎？做個筆記，花點時間集中心神在剛才的資訊上。接著把注意力下移到脖子，再到肩膀，慢慢往下。掃描每個部位，看看有沒有哪裡緊繃、僵硬、疼痛、躁動，還是其他感覺。掃描要完整地從頭到腳，才算完成。

　　掃描完畢後，先待在原地不要動，思索剛剛收集到的身心數據。你可以找到資訊之間的連結嗎？記得保持開放好奇的心：你的思緒和身體如何彼此發送訊號。

　　身心掃描練習幾天之後，你可能就會發現做筆記還滿有用的，可以幫忙自己看出規律。譬如說，可能會發現要是滿腦子都在預想未來時，胃就很容易揪結起來；工作上的烏煙瘴氣惹你不舒服時，肩膀就變得更硬了；或者是剛和家人度過快樂的時光，就覺得放鬆、輕盈。學著去注意這些訊號可以幫助你辨識壓力源與舒適源。

練習 太極

　　以整體安康來說，身體活動扮演著非常重要的角色。運動促成的體內化學反應可以抵銷壓力和創傷的作用。

　　「太極」這個概念來自古代，是一套緩慢的、冥想的動作系列。打太極有助於減輕壓力、提振正向情緒、增加活力、促進平衡，以及強健肌力。太極當中的呼吸元素和冥想元素還能額外提升睡眠品質、降低血壓、及改善免疫系統功能。有些有在練太極的長輩反應說平衡感會變好，連帶降低了跌倒的風險。如果你不習慣定期的健身運動，那麼，太極會是一種很棒的低衝擊運動選項。

　　想試試的話，可以看家裡附近有沒有開課，像是健身房、長青服務中心和社區活動中心，就常會開設太極入門課程。

練習　瑜伽呼吸法

　　大多數的時候，我們不太會去注意每分每秒之間的呼吸品質之變化。不過，當發生焦慮或生氣時，呼吸通常會變得又急又淺。瑜伽呼吸法運用緩慢而專注的呼吸節奏，來減緩焦慮與壓力。

　　參考下列步驟來練習瑜伽呼吸法：

1. 選張舒服的椅子坐下，或是躺在床上也可以。
2. 深吸一口氣，讓胸部和肚子鼓起來，吸氣時想像空氣層層深入肺部的樣子。
3. 慢慢吐氣，想像肺部的空氣全部都排空的樣子。
4. 持續吸氣和吐氣的循環，留意吐納的速度，保持呼吸深度，並放慢速度。
5. 保持舒緩的呼吸步調，持續進行到放鬆安適，覺得煥然一新為止。

　　建議天天練習，需要減壓時就可以開始調息。

亞米拉的故事

這幾年來，亞米拉在婦幼家暴庇護之家上班，她對這份工作懷抱熱忱，因為以前爸爸會打媽媽，直到亞米拉九歲時媽媽離開了爸爸，才結束這一切。對於那些女性個案，亞米拉能夠感同身受，主管和個案也常會讚美她的關懷與慈悲。

或許，這份工作最困難的地方大概就是看到女性個案重回家暴者身邊，不出幾個月又回到庇護之家。

亞米拉聽了一個又一個家暴故事，有情緒虐待、控制手段、吃醋行徑、損壞物品、威脅恐嚇，以及嚴重的肢體暴力。

就在短短一個星期裡，亞米拉接收了一名住院的個案，因為那個女生的男友朝她的腿開槍；另一名女生只披著衣服來到庇護中心，因為男友不讓她帶走旅行包；還有一個女生是從別州來到這裡，因為她不敢去她附近的庇護之家求助。每位個案的經歷亞米拉都用心傾聽，幫忙轉介相關服務，協助申請暫時保護令，努力幫她們培養重要的技能，以免個案又回去找施暴者。

過去一年裡，亞米拉開始經常頭痛。有一天，她在頭痛中醒來，感覺與往常不太一樣，這次還會有噁心感，很想吐，而且眼睛畏光。第二次再發作時，她去看了家醫科。就診時亞米拉跟醫生說她最近一直睡不好，出現的惡夢裡混合了記

憶中媽媽那段痛苦的過去，還有庇護之家個案的經歷。

　　醫生向亞米拉說明頭痛可能是之前接觸創傷的緣故，因為創傷經歷可能會影響肌肉系統，造成肌肉緊繃、抽筋以及頭痛。於是，醫生建議她接受治療，並開了一些練習放鬆技巧的處方，也安排好下次回診時間，以追蹤狀況有沒有改善。

睡眠的療癒力

若只說睡眠具有療癒效果，實在是太輕描淡寫了，事實上，睡眠絕對是生存的必要元素。世界衛生組織（World Health Organization，WHO）指出，睡眠被剝奪（睡眠不足）的問題在工業化國家是普遍存在的。

假如可以持續地、規律地讓自己每晚睡滿至少八小時，你的生活可能會是這樣的：

整體來說更健康，會比睡不足八小時的人更健康，免疫力也更強，罹癌風險減半，罹患阿茲海默症、糖尿病、心血管疾病及中風的機率也會減低。

體重可能會更輕，因為調節飢餓感與飽足感的荷爾蒙會比較平衡，體內也會發展出比較有益健康的微生物生態，能夠調節消化。

比較少憂鬱或焦慮，相較於睡眠不足的人而言。

復原速度比較快，運動或手術後會比較容易恢復，因為身體在睡覺時會修復得比較快。

工作中的專注力，優於昏昏欲睡、精神不佳的同事，不僅出錯率較低，注意廣度更寬，更不會健忘，會更有活力，心情也會更好。

在學校的表現較好，在其他的學習環境也能有更好的表現。因為睡眠能幫忙鞏固記憶，所以睡得好就學得好。

比較不會發生事故。有份研究比較了美加日光節約時間前後的車禍情形，發現在少睡一個小時的星期一，車禍率顯著增加（Coren, 一九九六, 引載於 Myers, 二〇〇五）。

　　創傷導致的睡眠障礙大致可分為兩種：

　　「失眠」是一種即使給了自己足夠的時間去睡，也無法維持適當睡眠的失能狀態，主要分為「入睡困難型」（sleep onset insomnia）和「睡眠中斷型」（sleep maintenance insomnia）。第一種會很難入眠，一旦睡著，就能夠繼續睡下去；第二種是睡著是沒什麼問題，但是半夜會醒來，或是一大早醒得太早，然後就再也睡不著了。這兩種失眠狀況也可能並存。

　　根據創立「人類睡眠科學中心」（Center for Human Sleep Science）的睡眠專家馬修・沃克（Matthew Walker，二〇一七年）表示，失眠是創傷倖存者常見的困擾，可能半夜會短暫醒來，整晚睡睡醒醒，但隔天起床卻沒有印象，只會覺得想睡又疲累，但根本不知道自己沒有得到適度的睡眠。

　　「夢魘」會擾亂情緒，還可能會嚴重干擾睡眠。從可怕

的惡夢中醒來後，就很難再回去睡覺，於是可能會發展出睡眠中斷型的失眠障礙。此外，擔心做惡夢也會讓人焦慮，可能會演變成入睡困難型的失眠問題。

　　理解夢的成因有助於因應夢魘，不過，不要太依賴解夢書籍來拆解夢的意義，因為每個人都會將自己的象徵符號創造入夢。譬如說，假如你在農場長大，那麼便可能會夢到自己開心的置身在農莊。可是如果你從來沒去過農場，那麼夢裡就不太會出現這類的場景。

　　有研究發現，做夢對於維持健康，扮演著至關重要的角色。舉個例子來說，夢境似乎在幫我們探索清醒時的情緒主題，而這可是次級創傷很重要的課題。做夢時，大腦的化學物質會改變，情緒強度會比醒著的時候還要大，就好像夢是趁著睡覺這段時間在梳理情緒，好降低白天面臨的情緒衝擊，所以遇到不好的遭遇只要睡一覺，隔天常會感覺好很多。

練習　夢境日誌

　　「夢境日誌」可以讓我們拿「夢境」與「夢魘」去對照生活，也能夠導向次級創傷所需要處理的課題。這個構想是，不管是一早醒來，還是夢醒時分，盡快把還記得的夢片段記下來，最好是另外準備一本專門記錄夢境的筆記本。

　　記下夢境日誌的重要細節：
　　夢裡有什麼感受？
　　夢裡的人物或角色有誰？對你來說，他們有代表什麼象徵意涵（是敵人、同夥還是老師）？
　　夢裡的你做了什麼行動？這些行動可能有什麼象徵意涵？

　　隨著時間推移，同樣的行動、感受和人物反覆出現在夢中時，你將可以慢慢摸索出這些元素可能意味著什麼——也就是說，你的夢傳出什麼信息，訴說了生活中真實發生的事。譬如說，如果做的夢經常帶有強烈的憤怒或哀傷，那麼，就可能要聚焦運用第一章已討論的情緒管理技巧。
　　請注意，並非夢裡全部的內容都會和創傷有關，因為清醒時經歷的重要時刻都有可能會入夢。解讀夢境的過程複

雜艱深，可能已經超出這本書涵蓋的範圍，而且萬一惡夢情節不斷重演，可能會需要尋求治療師來協助追本溯源。如果想進一步探討這個主題，可以去讀馬修·沃克的書《為什麼要睡覺？睡出健康與學習力、夢出創意的新科學》（*Why We Sleep: Unlocking the Power of Sleep and Dreams*，二〇一七年，Scribner出版）。

練習　好眠冥想法

　　如果你有睡不著的困擾，或許冥想練習可以幫上忙。這邊有個簡單的方法，每天晚上都可以練習。建議先完成的睡眠衛生環節（第148頁），再開始冥想。

1. 在床上躺好，找到舒服的睡姿。
2. 把意念專注在呼吸上。觀注胸口與胃部隨著呼吸的起伏。吸氣，吐氣。再吸，再吐。
3. 覺得舒服了之後，開始更深沉的呼吸，感受空氣更深入的到達肺部。
4. 進行深呼吸，放慢呼吸速度，感受自己整個身體感覺變得更鬆，更沉。
5. 持續以和緩、舒適的節奏呼吸，並且將意念轉到雙腳，去感受棉被在腳上的重量、感受腳跟陷入床墊的感覺。
6. 一邊呼吸，一邊專注感受腳上肌肉有哪邊緊繃、哪裡用力，再隨著吐氣把緊繃推出去。帶著肌肉的緊繃感與用力感去吸氣，接著運用吐氣把它們排出體外。
7. 將注意力帶到小腿與大腿，去感受這些部位的重量。如果察覺到這邊有在緊繃、有在用力，吸氣的時候收緊這些感受，吐氣時再把緊繃放掉。
8. 慢慢將注意力向上推移，前往雙腿、軀幹、胸口、手臂以及

肩頸。掃描每個部位有沒有哪裡緊繃，利用徐緩深沉的吐氣帶走緊繃。把身上的緊繃感完全放下，不用太刻意。

9. 把覺察拉到臉部和頭部，將臉上全部的肌肉放軟，舒緩眼部肌肉，放鬆下巴，感受嘴裡的舌頭軟趴趴地攤成了小水窪。保持又深又慢的呼吸節奏，利用每次的吐氣釋放緊繃感。

10. 蒐集今天腦中殘餘的想法，任它們隨意飄散。（可以參考第111頁的視覺化練習「觀察想法來來去去」。）

練習　好眠藍圖

　　有些行為和習慣會決定我們能不能睡得深沉安穩，講到這裡就進入「睡眠衛生」（sleep hygiene）的領域了。培養有效的睡眠衛生習慣，意味著要消除干擾睡眠的所有因素，同時建立睡前儀式來有效傳遞訊息讓大腦知道該睡覺了。閱讀下面條列的項目，看哪些睡眠衛生的做法適合自己又做得來，把它們抄到筆記本上，制訂計畫來改善睡眠品質。

房間要夠暗。只要一絲絲的光線就會激發腦中讓人保持清醒的腺體。盡量減少光源，包括電視、手機、鬧鐘和電腦的螢幕也算，拉上簾幕阻擋窗戶外的光線。──戴睡眠眼罩會有幫助，只是不是大家都覺得舒服。

睡前避免吃東西。在體內食物消化到一定的程度之前，身體是無法完全放鬆的。所以，訂定「睡前一小時不進食」的原則，並看狀況調整禁食開始的時間。

睡前避免運動或是活動行程。運動可以早一點去做，對睡覺會有幫助的（如果可能，室外活動一下，因為白天曬到太陽有助於調節腦中助眠的化學物質）。不過，快到睡覺前的時間安排太多活動，可能反而會讓人清醒。

晚上避免攝取咖啡因，及喝酒，或是喝太多液體。有些人對咖啡因很敏感，所以要限制在上午才能喝。

避免在床上做別的事，只用來睡覺和床事（sex）。譬如看電視、看書、用筆電、滑手機等，睡前應該避免，因為它們會讓你的思緒更難放鬆。特別是會讓情緒起波瀾的事情更要避免，像是查看工作上的電子郵件、打開會讓人心神不寧的節目等，不論幾點，最好都不要在床上做這些事。要讓大腦與床的連結，只有睡覺這一樁。

白天盡量不要小睡，尤其要避免白天小憩超過十五分鐘。

盡量在固定的時間上床睡覺。每天晚上睡覺的時間要盡量規律，前後不要差到一個小時，身體才會知道「睡覺的時間到了」。選個可以躺到超過睡眠充足的時間去睡覺（睡眠充足通常是八小時），萬一無法立刻睡著才不會太焦慮。平日和週末都要維持同樣的睡眠作息。

房間溫度要保持涼爽。恆溫器可以先從華氏六十幾度（約攝氏十六到二十一度）區間的中低段開始，再慢慢調到適合自己的溫度。

試著更換寢具。每個人各有自己的偏好，說不定換個不同材質的床單或新的枕頭，就會讓你的睡眠大不相同。

建立個人的就寢儀式。打造一套就寢慣例，持續四十五分鐘到一小時，說不定很快就能進入夢鄉。譬如，或許可以從沖澡或泡澡開始，接著調整房間的環境（降低溫度、調暗燈

光、放下電子產品），開始練習第146頁的好眠冥想法。細部環節可以自己決定，找到對的組合之後，記得每天晚上都要這樣做。

練習　蒐集睡眠數據

　　不確定為什麼睡不好嗎？可以試著用電子裝置、手機應用程式或是智慧手錶，在睡覺的時候幫忙監測。以下是可以蒐集的數據：

　　淺眠期和熟睡期各有多久？

　　晚上會多常醒來？

　　每天晚上睡幾個小時？

　　有沒有嚴格遵守每天固定的起床和睡覺的時間？

　　用睡眠衛生的原則來改善數據告訴你的答案。譬如說你可能會注意到晚上很晚吃，或是下了班才運動的那幾天會比較睡不好，也可能會發現晚一個小時睡沒什麼影響，可是如果延後超過一個小時，就會是好幾個小時的輾轉難眠。

　　你也可以和醫生討論睡眠數據，他可能會轉介專科醫生來幫忙你排除生理上的問題。

【深入探索】
你的身體告訴了你什麼？

身體一直都在釋放訊息給我們，只不過要讀懂這些訊息並不容易，透過檢視下面的問題，可以訓練自己解讀身體訊息的能力：

你能不能區分身體在說「我需要再多睡點」，還是「我覺得好無聊」的差別？

你能不能區分身體是在說「我肚子餓了」或者「我是在用吃東西來安撫情緒」的差別？

你能不能區分身體是在說「我因為運動而肌肉痠痛」或「我已經肌肉受傷了」的差別？

你能不能區分身體是在說「我將要出錯了」或「我覺得很緊張」的差別？

你能不能區分感受到的是情緒還是生理需求？

在筆記本寫下答案，將有辦法區分的訊息差異列出來，在復原階段，一邊療傷也要一邊回頭檢視這些問題。在不同的時間點執行第135頁的身心掃描，可以挑工作壓力特別大的下班時間，或是悠閒休假的期間，只要有感受到強烈的情緒 —— 不論正面或負面 —— 都可以進行身體掃描。這樣做，漸漸地，你會越來越能掌握身體在告訴你什麼。

練習　**解讀身體症狀**

　　與身體建立連結將能幫忙提升你對身體症狀的覺察。
想像自己是位專門研究自己的生活的科學家，充滿好奇、心
態開放、滿腔興致，而且做事有條理。這項練習會鼓勵你自
行探索創傷所展現的身體症狀，同時也會尋找與其他症狀之
間的連結。

　　把下面的內容拷貝到筆記本，為想要探索的症狀填上
細節。

症狀：胃揪結
持續期間：早上兩個小時
強烈程度（以零到十的程度表示）：五
頻率：平日每天
因素：壓力？工作？老闆？匆匆忙忙？電子郵件？
介入處置：允許多用二十分鐘準備上班
有幫助嗎？有

　　留意可能會引發症狀的任何因素，包含地點、人物、需要完成的事、其他身體症狀，或是任何會造成壓力的事情。症狀復發時，劃掉不適當的因素，一路排除，最後會剩下每次發作都有出現的那一兩個因素。

　　辨識出潛在誘發因素的同時，也寫下可以改變或避免問題的應對方法。如此不斷重複練習，直到找出有用的介入處置。將症狀與其介入方法納入這章結尾的自我照護計畫。

　　請注意，有時候嘗試了各種介入處置，症狀依舊沒有消除，或者當身體出現不適，這時可能就需要找醫生諮詢了。

練習 健康之輪

這裡會練習去探索自己與身體健康的關係，幫助你將健康狀況視覺化。

健康之輪由八個項目組成，綜合呈現健康狀態的全貌。

在筆記本畫一張「健康之輪」，將整體的生理健康分成八個項目，每個項目都要進行自評，一分是做得最少，十分是做得最好。

飲食：蔬菜／水果。你有多認真的在吃這些健康的食物？

飲食：限制單糖的攝取。你有多用心在少吃含有添加糖的食物？

醫療：約診／服藥。你有多遵守看診行程和依照醫囑用藥？

睡眠。你有多規律地獲取深度且修復性的睡眠？

放鬆。你有確實在日常作息當中安排休息時間嗎？

運動：重量訓練。你有規律地進行舉重之類的重量訓練嗎？

運動：有氧運動。你運動的強度有到心跳加速、呼吸變快的程度嗎？

運動：伸展運動。你有全方位活動到全身的肢體嗎？

運動： 伸展運動	飲食： 蔬菜／水果	飲食： 限制單糖的攝取	醫療： 約診／服藥

運動： 有氧運動	運動： 重量訓練	放鬆	睡眠

　　像上面的範例一樣，把分數連起來，畫成一張健康圖，可以清楚看到最強和最弱的項目。

　　挑一個有待加強的面向著手，像是範例的這個人也許可以多做一些伸展運動，改善平衡感和柔軟度。於是他的目標會是從兩分前進到三分，也許可以嘗試幾星期的太極課（第137頁），藉由可化做實際行動的小目標更上層樓。接著，再設立下個階段的目標，繼續提升，不斷進步。

滋養身心

　　營養是個很複雜但卻很重要的主題。飲食是身體能量的直接來源,所以,對於任何想要從創傷中康復的人來說,都是一個重要的課題。嘴巴吃進去的食物不只會促進康復,還能對心理狀態產生重大的影響。譬如說,有研究發現,讓憂鬱症患者開始健康飲食(富含蔬果、全穀雜糧和瘦肉),只要十二個星期,相較於攝取大量加工食品的對照組,他們的憂鬱傾向會大幅降低,也明顯變得快樂些(Jacka等,二○一七年)。高鹽食物會使人脫水,所以身體會感覺比較疲累;高脂食物會增加壓力荷爾蒙的濃度,而且使之持續在高點。另外,多項研究指出,高糖飲食的人在壓力、專注度、注意力以及心情的調節上,會面臨很多問題。

　　以下,是幾條值得放在心上的營養原則:

營養不只是控制飲食而已,當今,似乎有許多捷徑可以處理全部的飲食問題,但是研究顯示,大多數的減重方法都不是長久之計。大部分的人依然會復胖,還會變得更胖。

怎麼吃、何時吃、在哪吃都和「吃什麼」同樣重要。譬如說,要是進食的地點太多,諸如在廚房站著吃、坐在沙發上配電視吃、車上也吃、床上又吃,大腦的進食訊號會太常被

激活，於是過多的卡路里都進了肚子。

掌握基本的飲食概念。現在有各種提供營養建議的管道對我們不斷轟炸，跟風飲食廣告、新聞媒體報導、親朋好友的經驗談等，但其實營養均衡的基本原則這幾年並沒有什麼大變化。「美國總統的運動、體適能與營養諮詢委員會」（President's Council on Sports, Fitness & Nutrition，PCSFN）提出八大指南：

- 蔬果要占盤子一半的分量，要搭配紅色、橙色、深綠色的蔬菜，像是番茄、地瓜和青花椰菜的組合。整體色彩越豐富，身體就能獲得越多的維生素、礦物質以及纖維質。
- 穀類食物要有一半是全穀雜糧。改吃全麥麵包，嘗試糙米、布格麥、蕎麥、燕麥、藜麥以及野米。
- 改喝脫脂或低脂（百分之一）牛奶。
- 選擇精益蛋白質食物。肉類、家禽、海鮮、乾豆、蛋、堅果和種子都是蛋白質的來源。建議改吃瘦一點的牛絞肉（瘦肉標示為百分之九十以上）、火雞胸肉或雞胸肉。
- 減少鈉的攝取。選擇鈉含量較低的湯、麵包、冷凍餐等食品。
- 喝水代替含糖飲料。
- 飲食要有海鮮，魚肉和甲殼類可以提供蛋白質、礦物質

和健康脂肪。

- 減少攝取固態油脂，少吃添加奶油、人造奶油、酥油與豬油等固態油脂的食物。這類油脂通常會用在蛋糕、餅乾等甜點，披薩，加工肉品，帶油花的肉類，以及冰淇淋。

練習　飲食日誌

如果覺得飲食習慣有待改進，可是不確定要從哪裡下手，那麼「飲食日誌」可以陪你在處理次級創傷的同時，找出需要調整的飲食習慣。

只要稍微做點功課，就能查到許多商家提供的飲食日誌，包含網站、應用程式、紙本日記等形式，有些還會鼓勵你要把吃的東西全部拍下來。如果想要開始設計自己的版本，歡迎參考這裡的格式。可以直接用次級創傷的筆記本來寫就好，只是你可能會想要另外拿一本來獨立記錄，才不會因為還有其他的練習而必須跳頁。

吃完東西就要趕快填寫飲食日誌，萬一沒辦法馬上更新，記得開動前先拍張照，好精準掌握飲食數據。觀察每天的記錄是不是有什麼模式可循，接著訂定目標來改善這些習慣。

第_____週　第_____天			行程：_____	
	有蔬菜否？ 有水果否？	感受 如何？	有專注地吃嗎？ 有／沒有	飽足 程度？
早餐				
午餐				
晚餐				
點心和飲料				

每日／每週模式：

正在加強的重點：

練習　正念飲食

　　前面章節已經談過正念可以發揮的價值（第114頁），慢慢品嘗食物，專心享受食物，將更能去觀察並描述飲食體驗，可以有助於更新飲食日誌，也可以只是單純地更貼近自己的飲食習慣。細──嚼──慢──嚥，用心感受，還能讓食慾和進食保持同步，狼吞虎嚥的話，身體都還來不及表示吃飽了，就已經塞進超量的熱量了。以下有一些做法可以幫助你正念飲食──用心地吃：

拿出計時器。設定每一口要嚼滿四十五到六十秒。

拿掉分心元素。關掉電視和電腦，放下手機，才會注意到吃東西帶給身體的感受，因為這些訊號會幫助身體衡量要吃多少，還有什麼時候不要再吃了。

這口還沒吃完時，先把筷子放下來。體會專心慢慢吃飯有什麼感受，品嘗食物的口味與口感。觀察隨之而來的情緒，再靜靜地看著情緒遠去。

對吃的行為感到好奇。觀察吃飯時的自己，同時問自己一些問題。想要的話，吃完可以把答案記在筆記本上，不過也可以在腦中想一想下述這幾題就好：

- 有注意到自己的進食風格嗎？

  你是屬於快手快嘴型呢，還是慢條斯理型呢？

  會去品嘗食物的風味嗎？有在享受料理的香氣嗎？

- 你能品嘗到每一口特定香料所表現出的微妙味道嗎？

  你有在品味「食物的質感」嗎？

- 在吃東西的過程中，你能感覺得出胃飽足感的層次嗎？

  整頓飯下來，你能用百分比來評量各個階段的飽足感層次嗎？

觀察你的想法與感受。你的思緒是專注在進食這件事，還是會想著其他事呢？進食的時候你感到愉悅嗎？是覺得放鬆，還是很匆忙呢？觀察自身的所有反應，不帶批判，只帶著好奇心。

自我照護計畫

　　這章檢視的是次級創傷對身體的影響，認識創傷會將大腦切換成生存模式，釋放出準備面對危險的化學物質，做出戰鬥、逃跑或是僵住投降的反應。有時其實已經安全了，只是腦袋還轉不太過來，所以會停留在創傷啟動的緊繃狀態，久了反而讓身體受到傷害。

　　想要啟程朝復原前進，首先要認知到「身心連通」的概念，可以藉由第135頁的身心覺察練習來探索這塊。想要促進身心健康，運動是強大有效的工具，可以考慮練練「太極」，或是去報名課程內容安排明確又適合初學者的運動課，而且參加團課還能強化社會連結——這部分下一章會討論到。翻到第138頁，練習「瑜伽呼吸法」，穩定身心，調節壓力。

　　「睡覺」可說是療癒身體的一大利器，落實第148頁的「睡眠衛生」習慣，練習「好眠冥想法」。如果有做夢和做惡夢的困擾，可以寫「夢境日誌」。嘗試用睡眠監控工具來評估睡眠品質。或者，找醫生或治療師討論比較嚴重的睡眠障礙與惡夢問題。

　　漸漸拉高覺察身體症狀的敏感度之後，翻開第152頁，評估自己解讀身體訊息的能力，搭配第153頁的練習表追蹤

想要調養的症狀，完成健康之輪並排出身體健康各個面向的改善順序。

　　透過改善飲食習慣來「滋養身心」，用心執行營養的八大基礎原則，填寫「飲食日誌」並觀察自己的飲食模式，同時落實「正念飲食」。

　　回到第87頁第二章結尾的表格，追蹤自我照護計畫的進展以及改變階段。

重點整理

☑ 創傷帶來的情緒衝擊會從各個層面去影響身體的安適與健康。

☑ 療癒身體有助於改進療癒心理，反之亦然。認識身心之間的連結對於整體療程至關重要。

☑ 改善睡眠、運動和營養習慣，對治療都會有幫助。

☑ 維持良好的睡眠衛生規律，才能享有一夜好眠，而且醒來活力滿點。

☑ 觀照身體發出的訊息需要時間與練習，回應身體的訊息可以推進復原之路。

☑ 想要攝取足夠的營養來照顧身體，加強對飲食習慣的意識會是重要的一步。

第五章

人際關係

　　書中的真實案例呈現了次級創傷對當事人的影響，從中你或許也已經發現他們的創傷情境也波及親友與同事，顯然次級創傷的生理與心理症狀也會衝擊人際關係。

　　這章會討論次級創傷會如何讓你疏離社交圈，甚至還會讓你離自己越來越遠。在這裡你會學習新的技能，來提升自我疼惜（self-compassion，亦翻自我慈憫），評估並活化社交關係，加強人際上的自我照護以及與他人的連結。可能你會覺得創傷經驗拆散了自己和你在乎關愛的人，不過，只要灌注時間與關懷，人際關係都會有所改善的，即使是長期忽略的關係——包括與自己的關係——也能再次活絡。

連結與孤立

　　對遭遇次級創傷的人來說，孤立是常有的經驗。你可能會覺得難以承受而乾脆避開與人接觸，也可能擔心症狀會當眾發作，不想讓自己的痛苦造成別人的負擔，或是認定根本沒有人能理解自己的遭遇。確實，築起孤立的牆就可以避談難受的話題，對伴侶、主管、孩子和朋友都不用提起，你的耐心可能薄弱到覺得自己不如退到角落，孤立起來，省掉互動。

　　相反地，人際連結具有療癒和回穩的驚人效果。當你

開始出現想遠離人際圈的念頭時，不妨想想，建立連結對整體安康可是大有助益：

其他人就像是你的「鉛垂線」。在處理石膏牆板或是壁紙之前，承包商會先設好鉛垂線，正確引導作業，以確保第一個固定的材料筆直無誤。人與人之間的社會連結差不多也具備這種功能，會幫助我們對照現在的情緒、行為以及身體狀態，是不是和自己原來的樣子保持一致。同時可以提供回饋，讓我們反思自身的行動，還能作為榜樣，讓我們學習更好的互動。

人際連結幫我們更能應付難題。有人陪著一同處理創傷症狀，往往比單打獨鬥還要有效。心情低落的時候，最有用的行動就是去找別人來安慰自己；問題苦思無解的時候，或許找個好友說說會比自己閉門造車還要快找到出路；陷入自我批判的時候，朋友會提醒我們其實自己還是有成功和厲害的地方。

自我異化

次級創傷裡的疏離常會稱為「自我異化」(self-alienation)。身處創傷的餘波中，會覺得自己變成了另外一個人，於是可能會認定周遭的人都不再理解自己了。因此，

會開始將自己和身邊的人拉開距離，覺得沒有歸屬感。漸漸地，開會的時候不再發表意見，午餐埋頭自己吃，不回電話也不回訊息。你覺得找不到自己的位置，所以會想要遠離大家，自己一個人就好。

另外，創傷還可能造成另一種自我異化，那就是失去自我認同。

創傷可能會攪亂我們對「我是誰」的認知，讓你變成自己的陌生人。同時，還可能會讓人認為自己沒有想像中的勇敢、堅強、有能力或是安全無虞，這種自我認同危機可能會釀成憂鬱、無助以及低自尊的情形。

想要解開自我異化，必須先找出原因，努力經營與自己、與他人的連結。這章會環繞著這個概念發展：建立連結是孤立狀態的解藥——即使重建連結很辛苦，但也要努力去做。

練習　體察善意

　　只要做錯就苛責自己，只要事情不如意就不放過自己，這是許多創傷倖存者會落入的思維陷阱。由於經歷過創傷，人會想方設法來阻止災難再次發生，可能也就是因為這樣才會對自己嚴加批判，以免重蹈覆轍，於是容易會對自己說出非常難聽的話——但那是我們絕對不會拿這一套去對待小孩、伴侶或是朋友的惡言。

　　這時，自我疼惜（自我慈憫）就是解方：接受自己做為人的本質，承認人性，想想我們面對其他受傷的人會付出多少照顧和關懷，回過頭來肯定自己也值得同等的待遇。

　　想要關掉次級創傷導致的自我負評，需要一點時間練習，回到第三章的練習，慢慢將內在的批評轉為靜音。與此同時，也可以轉向社交網絡去尋求支援。想一想認識的人當中誰最善良，大家遇到問題都會去問誰的意見，有沒有誰會非常認真地聽你講話，然後去找這些人，花點時間與他們相處，留意他們如何傾聽、回應以及表達關心。下次當自我對話又朝負面走去時，就用仁慈朋友們說的正向的話，取代掉那些糟糕的內在負評。

練習　積極傾聽

　　戴爾·卡內基（Dale Carnegie）知名著作《人性的弱點：卡內基教你贏得友誼並影響他人》（*How to Win Friends and Influence People*）強調，想要在商場上增加影響力，朝成功邁進，聆聽的技巧不可或缺。可是次級創傷往往會讓傾聽的良好特質受損，因為傾聽需要高度關注、極度專心，而正在復原階段的人，這方面能力會相對較弱。

　　如果準備好重啟社交互動，可以藉這個機會來增進傾聽的技巧。想要當個好的傾聽者，你可以這樣做：

積極傾聽。用眼神、點頭以及肢體語言做為回應，表示你有在聽。針對內容做出反應，但評論輕量即可，類似「喔不」、「真的好難過」、「這好糟糕喔」等，都可以在不中斷對方傾訴的狀況下，表達你的關切。

當對方的鏡子。將聽到的資訊回饋給朋友，讓他們知道聽的人會有什麼感受。你可以這樣說，「你們單位裡的主管要調走了，你好像很難過」，或是「你好像很擔心自己無法像喜歡現在的主管那樣對待新的主管」，這些都能讓朋友知道你不但有聽進去，而且還很關注對方以及他們的問題。

提出想知道更多的問題。使用「何人、何事、何時、何地、如何」的問句讓話題走下去，展現關注與興趣，並確認自己

有充分理解人家說了什麼。

不要貶低對方的情緒。朋友才剛過了非常不順的一天，小心不要急著想幫對方打氣，這時要提醒自己先同理他們的感受。盡量不要帶著批判的心態，與其提供解法，不如給對方機會自己做出結論。

【深入探索】
重建與自己的關係

　　次級創傷可能會讓我們自己疏離自己，但其實內省屬於健康的一環。下面幾個書寫方向可以幫助你重新和自己搭上線，更認識現在的自己。

　　把問題和答案寫在筆記本上，萬一覺得與自我認同脫節，隨時都能拿出來檢視自己的回應。在與自己、與他人重建關係的這條路上，可以偶爾回來看題目找靈感，記錄新的回應。

　　詳細描述自己。假裝要跟第一次見面的人做自我介紹。從童年開始說起，把到目前為止的重要經歷寫出來，補充足夠的細節，要能夠快速簡要地捕捉人生的基本輪廓。

　　列出喜歡和不喜歡的事。可以隨意選擇主題，食物、活動、人物等都行。什麼會讓你眼睛發亮？什麼會讓你不滿失望？你是如何判斷好惡的呢？

　　列出人生面臨的三大挑戰。每次都從中學到了什麼？有哪邊成長了呢？這些歷練對其他人生面向有什麼影響呢？

　　書寫自己的創傷故事。就從創傷之前寫起，整體的心神狀態和自我覺察都可以寫進去，接著原原本本地描述接觸創傷的經歷，包含想法與感受。依照自己的步調慢慢來沒關係，如果寫到一半發現難以承受，那就先放著，改天再繼續。

　　談談創傷後一個月的你是什麼樣子，還有一年後的模樣（如果已經過了這麼久的話），以及現在的狀態，描述眼前面臨的辛苦與長出的力量。寫下經歷創傷後，有哪邊比從前的自己表現得還要堅強、做得更好，或是覺察力更加敏銳的呢？

　　寫下你的想像，想像前進到未來的時間點，而且一切都很順利，談談你是如何發展出更加良好的自我認知，又是如何克服那些難纏的創傷症狀。現在的你已經好多了，不妨來描繪一下職場樣貌和家庭生活。

朋友與社交生活

　　友情與社交都需要投入時間和心力經營。壓力破表時，我們往往會覺得獨處比較有幫助，但其實身邊有人幫助會更大，他們可以陪我們調節壓力，將經歷常態化，笑看困境中的自己。

　　良好的社會連結可以減少憂鬱、降低壓力，而且良好的社交支持系統能夠降低皮質醇（第四章），看起來也能抑制壓力相關的生理作用（Keicolt-Glaser、Gouin、Hantsoo，二〇一〇年）。在走出創傷的過程裡，這些元素都占有舉足輕重的地位。

　　如果你正在把自己孤立起來，那麼認識新朋友或是聯絡老朋友都可能意味著要跨出舒適圈。這邊有幾招可以幫你建立或是重建社交生活。

多參加活動。可以嘗試加入社團或社群，體驗志願服務，和朋友培養新的興趣，自己去報名課程，或是邀同事到家裡吃晚餐。就當作是個機會，去嘗試本來就想做的事，還能順便與人互動，這可是附帶的好處。約朋友一起上課，這樣就有敘舊的好理由了。

尋找同路人。多元的人際圈是健康的組合，可以反映自己不

同的人生角色。譬如說，如果你是個爸爸，那麼和有小孩的
人講講話就很重要；與同業聚聚有助於事業進展，還可以說
說外行人不懂的甘苦談。同樣地，找同為創傷事件的倖存者
聊聊，或許可以讓你覺得沒有那麼孤單（第六章會講到互助
會）。

尋求工具性支持。人際關係不需要全都是情緒寄託的屬性。
工具性支援能提供務實的協助與服務，可能鄰居很會幫家裡
修東西，願意過來處理水龍頭漏水的問題，而你幫他們帶小
孩做為交換就好。今天也可能是你讓朋友搭便車去上班，而
在你累到不想出門的時候，他們會幫忙跑腿採購。

參與固定儀式或傳統活動來和朋友聚聚。如果午餐或保齡球
之夜是每個星期或是每個月的例行活動，大家就比較不會輕
易跳過，而且既然是固定行程，就不用額外費心去邀人或是
確認大家有沒有空。

擁抱興之所至。如果今天有種想找人的感覺，那就跟著感覺
走。弄一鍋辣味料理，約朋友一起吃；打給很久沒聯絡的
人，一起聊個天；走出門，看到鄰居就打聲招呼。

健康退縮與孤立傾向的差異

人在難過、焦慮或是壓力很大的時候，想要自己獨處靜一靜並不奇怪，這時會想避開刺激，待在平和安靜的環境，不用去面對什麼必須要做的事。這屬於健康的退縮，算是不錯的應對方式，目標是要積極地幫自己重新校正，才能回到與他人連結的狀態。

然而，當良性退縮變異成孤立傾向，就不再是健康的策略了。可以從兩個重點看出兩者在行為上的差異：

持續時間：健康性退縮可能只會持續短短半小時，很少會超過幾小時，而且也不會一次就退縮上好幾天。
活動：健康性退縮會有個目標，是有意圖的行程安排，譬如選定一段時間進行閱讀、冥想、運動、寫日記、休息等活動，好找回重心，幫自己平靜下來，準備好用更健康的心態回歸社交生活。

可是選擇孤立的時候，只想自我麻痺，或轉移注意力，跑去瘋狂打電動，整天掛在社群平台上，或是沉迷於無法幫自己充電的事情上。

練習　**你想要什麼樣的社交生活？**

　　每個人對於人際互動會有不同的需求，不過大家都需要身邊有人來提供支持的力量，一起歡笑、一同成長，擁有被群體接納的歸屬感。現在要練習去探索符合自己需求和想要的社交生活。

　　在筆記本寫下答案：

● 思考你在生活中扮演的角色與肩負的責任，想想認識的人當中，有沒有誰也處在類似的位置呢？參考這份清單，可以視需求添加符合自己的角色。

　　○ 家長：小孩有上學了嗎？還是長大成人了？他們有沒有什麼特殊需求呢？

　　○ 配偶或伴侶：現在有對象嗎？單身狀態是自己的選擇嗎？

　　○ 家人：會不會需要幫忙家裡呢？像是照顧兄弟姐妹或是年紀大的爸爸媽媽。

　　○ 照顧者：有沒有需要負責照顧誰呢？

　　○ 健康問題：本身有沒有會影響生活的慢性疾病或急性疾病？創傷治療就屬於這類。

　　○ 寵物主人：家裡有沒有養動物，需要天天照顧牠們呢？

　　○ 宗教信仰或心靈寄託：有沒有屬於什麼宗教組織呢？有沒有精神信仰呢？你是無神論者或是未知論者？

- ○ 嗜好、興趣和熱情：有在玩樂器嗎？有沒有參加有組織的運動項目，還是玩遊戲呢（從西洋棋或撲克牌都算）？有沒有非常熱愛的藝術，或是花時間做手工藝、製作東西呢？
- ○ 學生：還在學嗎？還是正在進修，準備拿學位、執照或是發展某項專業？
- ○ 其他的生活角色：

- ● 你想和多少人往來？為下列活動的偏好程度評分，一分是不喜歡，五分是非常享受。
  - ○ 大型團體活動（十人以上）
  - ○ 小型團體活動（五到十人，不含自己）
  - ○ 人數較少的活動（二到三人，不含自己）
  - ○ 一對一活動
  - ○ 以活動為主的互動（上課、志願服務、運動、看電影或看戲劇）
  - ○ 非結構式的互動（喝咖啡或吃晚餐、約到公園、在家裡大樓的大廳閒聊）

- ● 你想花多少時間與人相處？理想上，一星期想花幾個小時在社交上？週間的頻率為何，週末（或是休假）的頻率呢？一場社交互動會想花幾個小時呢？

　　檢視自己的答案，寫下幾個例子，描述理想的社交生活。

　　如果之前把自己關起來好一陣子，現在才剛開始想重新和大家交流，可以試著先安排自己喜歡的社交活動。可能是一星期和老朋友短短喝個咖啡，也可能是加入一個月一聚的讀書會。剛起步的時候，建議從自己的名單中選出至少三種不同的角色來互動。隨著社交圈的擴展，可以再從清單上找其他角色，展開新連結。

練習·　逃避之外的替代選項

　　如果你正在治療創傷，一開始避開他人確實會輕鬆許多，可是長期逃避會讓人成為一座孤島，缺乏社會支持。因此，必須練習相反的行為來因應，那就是向別人靠近。這裡會練習制訂「社交計畫」，共分十個階段，幫你逐漸拉高人際互動上的自在感。

　　可以先從對你來說風險較低的活動著手，像是傳訊息給朋友、透過社群媒體的接觸、打電話給朋友敘舊等。

　　接著邁進中度風險的活動，像是見面喝咖啡聊天、單獨兩人或是幾個朋友約去看電影、利用休息空檔和同事散步等。

　　到了最後一哩路時，可以去嘗試原本想要參與卻覺得遙不可及的事情，像是觀賞運動比賽，或是去聽音樂會、出席大型派對、加入同好團體等。

　　把下面的表格抄到筆記本上，為各個階段填上你所選擇的活動。或者，合適的話，也可以直接用上面的範例來練習。記得逐步增加各階段的難度，每一步剛好超出舒適圈一點點就好，盡量避免要求自己要大躍進。幫每項社交互動訂出自己舒服的時程，慢慢完成清單，並視需求重複練習各階段的活動，準備好了，再繼續往下。

社交計畫

階段	行動	時程	完成
一	每天傳訊息給三個人表達關心。	三個星期	
二	每天要跟兩位不同的同事打招呼,記得面帶微笑。	兩個星期	
三	每天打一通電話,至少要聊上五分鐘。	兩個星期	
四	每個星期都要找人出去吃午餐。	一個月	
五	每天主動找不同的人聊天。	兩個星期	
六	就答應吧!參加受邀請的社交活動。	兩個月	
七	每個星期都邀人去看電影或是做其他活動。	一個月	
八	就答應吧!參加過往不太出席的活動。	共四項活動	
九	邀請一群人來彼此交流。	共兩項活動	
十	參與社交活動,找三個比較不熟的人說話。	共兩項活動	

練習　為替代行為的難度評分

　　這邊會先練習評估社交行為的難度，來決定要加強哪些面向。接著，可以從難度較低的行為切入，累積一些成功經驗。如果覺得沒問題的話，也可以直接從難度中等的行為開始，或許會比較有成就感。這邊評估的結果也可以當作擬定社交計畫的參考資料（前一項練習）。

　　照抄下面的表格，為每項行為評分，一分代表「從未」，五分代表「總是」。找出評為「很少」或是「從未」的行為，試著設計社交計畫讓自己能慢慢接受。想要的話，可以拿掉表格裡的範例行為，換成類似但更適合自己的活動。

行為	評分 （一到五分）	計畫
我可以自在地待在餐廳裡。		在熟悉的地方和朋友 共進午餐。
我的社交圈能滿足自己與人連結 的需求。		加入朋友在狗狗公園的 週六聚會。
我很享受參與體育賽事。		
我會期待去參加朋友家的聚會。		
我很享受下班回家後 對家人表達關心。		
我會聰明運用獨處的時間。		在家中布置一塊角落， 休假時可以做瑜伽伸展。
我打電動或是盯著螢幕的時間 還在健康範圍內。		
我和朋友經常保持聯繫。		
我與配偶或伴侶很常約會， 也都很享受在一起的時光。		
我樂於幫忙家人解決問題。		
我有健康的職場友誼。		
我會善用人際關係 做為情緒上的支援。		
朋友有事會向我求助。		
我的人際關係能幫我充電。		
我和自己有健康的關係。		

練習　改變計畫

　　現在我們已經知道哪些地方改善起來會比較費力，這裡會練習把重點放在想要改善的社交關係。在筆記本畫出下面的表格，從社交關係裡選擇三塊比較困難的面向。針對每一項找出能幫忙進步的資源，像是人物、技能、知識或行為。接著，列出完成計畫必備但還欠缺的情緒或實用技能。最後，運用剛剛列出的資源，以及書中學到的技能，制定克服挑戰的計畫。

改變計畫

挑戰面向	資源	欠缺的技能	計畫
找朋友尋求情緒支援	好友、配偶、良好的溝通技巧	識別感受、對自己負責	每星期找三個朋友聊聊,分享工作狀況與目前症狀的感受
回到家之後要問候家人	孩子與配偶的意願	關切禮節、耐心	找兩個朋友談談他們是如何表達關心;設定關切家人的時間
沉迷電動遊戲	配偶、朋友	時間管理、自律	把遊戲機關掉,列出健康的替代活動

平衡工作與生活

　　如果你的工作會接觸到創傷，而且也不想換工作，那麼改變自己與工作生活的關係對復原來說會很重要。如果你的創傷不是來自工作，那麼與工作保持健康的關係也同樣非常重要，能夠幫忙減壓，有助療癒。

　　解決這個問題的最好方法，就是確保你有一個良好的「工作與生活平衡」，也就是說，要有充足的時間與精力照顧自己，才能在工作之時與工作之餘都維持最佳狀態。可以記得這幾條原則：

劃清工作與生活之間的界線。如果你不在工作場域時仍想著工作；如果你最常談論的話題就是工作；如果你認定工作職稱是你最重要的身分認同，遠勝過其他角色（譬如家長、配偶、手足、朋友）或是是熱情投注在工作上，遠勝於其他（譬如跑步者、畫家、西洋棋玩家、古董收藏家），那麼你就需要建立一些機制，來避免工作滲入生活的其他層面。公事就留在辦公室，除非絕對必要，否則不要將文書作業這類資料帶回家。多和工作性質不同的朋友交流，培養工作之外的興趣與嗜好。

制定過渡計畫。要是下班回家精疲力竭、感覺被榨乾、浮躁

易怒，可以找個大家都能接受的慣例來輔助，或許能幫忙卸下工作心態，回到家庭生活。

譬如說，一點獨處的時間可能會很有幫助，可以換個衣服，順便脫下白天掛心的事；你可能想和每個家人一一打招呼，但不需要全部一次完成；或者，忙完一整天繁雜工作之後，可以出去稍微散個步、和小孩玩玩接球遊戲等，以消化掉一些緊繃感受。可以和家人討論這件事，一起找出大家都理解也贊同的日常活動來做為過渡計畫。

優化自己與職場的關係。花點時間提醒自己這份工作為什麼有意義，找回進入這行的初心。與同事發展友善的關係與夥伴的情誼。

確立穩健成長的職涯路。思考自己想要什麼樣的升遷機會，或是有沒有想要轉換的職位，又需要怎麼做才能達成目標。把握機會接受額外的訓練和專業的提升，可以找一位導師來協助引領職涯旅程。

提醒自己你的職業是如何融入你的未來計畫和目標。你是為買房還是度假而儲蓄？還是想累積經驗好準備自行開業？記得追蹤自己這一路是否朝著目標邁進。而當你達到一個工作上的里程碑時，像是晉升、錄取紀念日、拿到檢定認證等，要好好犒賞自己，花時間做點好玩有趣的事來肯定自己的努力。

多去看自己和同事表現好的地方。負面思考很可能一不小心就會侵蝕我們的心態和想法，尤其是在暴露於創傷的高壓工作場域，更容易會這樣。記得不要向負面思維低頭，評論自己做得成功的地方，大方稱讚同事，感謝助自己一臂之力的所有人。記得，不要讓任何人的辛勤付出被漠視。

記得一定要休息。如果你傾向到了午餐時間還常常在工作，甚至連不需要如此犧牲午餐的時候也不會休息，那麼，就需考慮轉換策略，利用午休時間來放空腦袋，沉澱思緒。萬一有那麼幾天真的無法午休，可以站起來四處走走，即使只有一分鐘也好，記得活動一下筋骨，讓自己喘口氣。

做事要有條理。如果自己不是天生做事就很有組織，那麼可以多打磨這塊技能。可以向做事很有規畫、流程明確的人學習（每個工作團隊裡至少都會有這麼一個人），因為條理分明能夠減輕壓力，排除讓人分神的干擾，專心處理重要的工作。

留意同情疲乏的狀況。暴露於次級創傷風險的工作可能會造成慈憫能力的透支。請閱讀第二章同情疲乏的段落。

記錄自己如何因應持續的壓力與工作關連的創傷。運用這本書的練習，隨時覺察壓力對自己的影響，透過管理情緒、想法、生理症狀和社交關係等幫自己舒壓。

奧斯卡的故事

奧斯卡在大型警察機關做了十四年，分配到的電話案件難度雖不低，但他自認工作壓力調適得不錯。

不過，最近奧斯卡的老婆凱倫表示想要離婚，因為受不了老公陰晴不定，缺乏溝通意願，也拒絕一起出去社交。奧斯卡非常震驚，他以為兩人之間沒什麼問題，而且每次情緒失控後都有道歉，老婆要自己出門他也沒有不高興過。但凱倫的最後通牒讓奧斯卡看清了問題的嚴重性，也意識到必須修補兩人的關係，於是答應一起接受伴侶治療。

做了嚴謹的衡鑑之後，治療師發現奧斯卡有創傷後壓力症候群（Post-Traumatic Stress Disorder，PTSD）──醫學診斷上，這本書裡所討論到的症狀，創傷後壓力症候群也都有──奧斯卡很困惑，因為他自己從來都沒有親身經歷過槍擊事件。治療師說明了次級創傷會如何造成創傷後壓力症候群，也解釋了對人際關係的影響。治療師問了凱倫一連串的問題，想瞭解奧斯卡的行為表現，包含了關係初期與近期的狀況。奧斯卡在旁聚精會神地聽著老婆說話，凱倫說奧斯卡在人際上越來越孤立，脾氣越來越火爆，容易理智斷線，還會用打電動來逃避與家人互動，一打就是好幾個小時，晚上做惡夢時身體甚至還會輾轉翻身。

　　治療師幫奧斯卡轉介了其他治療師進行個人心理治療諮商，特別處理他的創傷，同時，奧斯卡和凱倫也持續修補彼此的關係，繼續伴侶治療。奧斯卡學會用比較恰當的方式來面對情緒，重建疏於經營的朋友情誼，努力改善睡眠品質。有一陣子奧斯卡完全不碰電動，以改掉用電動自我麻痺、自我孤立的壞習慣。另一邊，凱倫也調整自己戰戰兢兢、不敢表達煩惱的習慣模式，奧斯卡狀況不好的時候也不再逃避與他相處。他們慢慢發現，原來過去，彼此都在用不健康的方法去和有創傷的奧斯卡相處。

　　奧斯卡瞭解前面還有好長一段路要走，不過，現在他充滿希望，意志堅定，因為他知道創傷是可以學習技巧來調適的。

　　奧斯卡和凱倫覺得再度向對方靠近了，奧斯卡笑容變多了、友情滋潤了，還發現自己很享受現在的工作。兩個人也開始討論要來改善親子關係，想打破為了與創傷共處而養成的不健康習慣。奧斯卡很喜歡和老婆攜手深化家庭氣氛，過了這麼多年，他終於又找回自己了。

職場上，你最重要的關係是什麼

　　最近蓋洛普有份大規模調查（Gallup，二〇一九年），發現如果員工和主管關係融洽，工作時受到讚美，感受到鼓勵與關懷，也擁有職場友誼，那麼工作起來就會比較愉快，也會更加投入。人有大把的時間要和工作綁在一起，上班更開心自然會讓生活更美好。保持與工作夥伴的良好關係，不僅工作起來更愉快，還能增進人際互動。

　　利用下面的表格，練習在筆記本列出工作上常會接觸的人。針對每段關係評分，包含非常好、好、還好、不好（不要想太多，你的直覺可能最準），寫下任何可能造成關係狀態的原因。

　　接著，選擇一位很想改善關係的對象，可是目前狀態處於還好或是不好。參考第185頁社交計畫裡的活動列表，擬定計畫來加強關係，並用筆記本記下細節。這時可以開始執行計畫，幾個星期後再次評估兩人的關係，如果有所改善，便可以回到清單，繼續找下一個人來優化關係。

　　定期回顧整份名單，確保自己與工作夥伴有維持正向的連結。

姓名	原始評分	筆記	改善計畫	新的評分
布萊兒	非常好	我們一直都會互相照應。		
道格	好	我曾幫他處理電腦當機的問題。		
提姆歐	不好	和他不是很熟。有一次我們對會議的時程看法還不同。	稱讚他最近一次的簡報做得很好。詢問他對目前工作量的想法。	

　　有幾個方法可以加強職場的人際關係：

幫些小忙，每天都協助某位同事，持續幾個星期。幫忙不是要吸引注意力，而是出於大方，所以也不要太在意會不會有回報。

幫同事打氣，因為你曉得他手上的工作非常繁重，讓對方知道他的努力你看到了，還很佩服他堅韌的精神。

讓主管知道他的領導風範你看到了。可以在回覆電子郵件時，寫下明確真誠的讚美，也可以在走廊遇到時，快速簡短地感謝對方。

把握機會和不同的同事合作。跟某些人共事可能不會太順，但可以把和他們合作當成目標，自己在專案裡擔任輔佐的角

色，讓同事主導發揮。

多多認識同事私底下的樣子，不用特別強求要變成朋友，但可以關心他們小孩最近在足球隊狀況如何，也可以問問主管假期好不好玩，或是和同事討論一下他們的新車。別人有什麼開心的事，記得都要表示關切與好奇。

向主管請益，或是找同事幫忙，遇到別人特別擅長的領域時，記得開口請教。針對想要多學習的流程提出認真深入的問題，讓對方知道你非常感激他們無私地幫忙解釋。

練習   創傷如何影響你的親近關係

　　當我們的行為因創傷而改變時，親近的人也同樣會自我調整來適應我們的新行為。就像我們不一定會看見自己的轉變一樣，他們也可能不會發現他們的改變。只是，上百個小變化累加起來，威力足以讓人嚴重失能。舔拭自己傷口的同時，也要瞭解親友因為你的創傷而做出的調整，才能修復並重建彼此的關係，這點很重要。

　　試著找三、四名親朋好友，進行單獨的結構式訪談。說明你想瞭解自己的創傷對他們造成了什麼影響，你會問一些問題，而他們的答案能幫你找到強化彼此關係的方法。

　　參考下方問題進行訪談，可以全問，也可以只問一些，還能夠自行補充題目。把問答記在筆記本，如果對方同意，也可以拿手機或是其他裝置錄起來。

- 你覺得和五年前（或選個創傷前的時間）比起來，現在的我有沒有更加易怒，還是更加強勢？在你看來那是什麼樣子呢？我強勢起來都做了什麼、說了什麼，又有哪些表現呢？
- 你有沒有注意到我的專注力有什麼變化嗎？在你看來那是什麼樣子呢？請舉出幾個例子。
- 我看起來是不是負能量比以前還多呢？如果是的話，那有什麼樣的行為或發言讓你這樣覺得呢？

- 你覺得我正面與負面情緒的波動正常嗎？你有沒有觀察到什麼呢？
- 你覺得我們之間的關係和過去一樣緊密嗎？我們現在的互動有哪裡不一樣嗎？
- 參加活動和家庭時光，現在的我有和以前一樣興致高昂嗎？我和過往有哪裡不一樣嗎？
- 你有沒有覺得我溝通起來和以前不同了呢？有觀察到什麼變化嗎？
- 你覺得我和以前一樣能夠讓自己放鬆嗎？有哪裡不一樣嗎？
- 我心情不好時，你覺得我的處理方式健康嗎？你有沒有什麼想說的呢？
- 我是不是花太多的時間在放空、自我麻痺呢？你有沒有什麼想說的呢？
- 你覺得我們現在的交流狀況有像以前那樣嗎？有哪裡不一樣嗎？
- 如果有觀察到什麼不一樣的地方，也覺得應該讓我知道比較好，請跟我分享。

　　建議邊訪談邊筆記，然後對照大家的回饋。如果不同人的訪談出現共通模式，或是親友的答案類似，可能就表示創傷症狀對這些關係層面的影響比較大。

練習　工作上的冥想

　　走到這裡，就表示你已經非常努力了。這裡的冥想練習會展現你想要復原的渴望，幫忙大家更能設身處地為自己和同事著想。這類靜思稱為「慈心冥想」（loving-kindness meditation），相關研究顯示這能增加正面想法與自我接納，強化心智韌性，減少痛苦，促進社會連結（Aspy、Proeve，二〇一七年）。過程中可以自在調整冥想話語，納入你想要建立連結的人。

　　可以從找到舒適的姿勢開始，坐著、躺著都無妨。深呼吸，將思緒放緩，讓身體漸漸放鬆下來。對自己說出下面的每句話，慢慢地，可以的話請大聲講出來（如果一旦熟練到不用看就能憑記憶念出來，冥想時便可以閉上雙眼），去感受每一句話乘載的情緒意義。

　　願我能在生命的各個層面都感到喜悅。
　　願我擁有強大的心智，能夠克服困難。
　　願我能保持安全，並記住我的訓練。
　　願我能維持身心健康。
　　願我面對抉擇能夠平靜以對。

接著，從工作圈選一個你親近、欣賞或是有助益的對象。想著這個人的同時，認真地說出這些話：

願他能在生命的各個層面都感到喜悅。

願他擁有強大的心智，能夠克服困難。

願他能保持安全，並記住他的訓練。

願他能維持身心健康。

願他面對抉擇能夠平靜以對。

最後，想著工作圈裡的某一個群體，可以是職場上的一群人，也可以是自己的產業領域。想著他們的同時，認真地說出這些話：

願我們能在生命的各個層面都感到喜悅。

願我們擁有強大的心智，能夠克服困難。

願我們能保持安全，並記住我們的訓練。

願我們能維持身心健康。

願我們面對抉擇能夠平靜以對。

每天都要這樣練習慈心冥想。

自我照護計畫

　　這章談了如何克服社交孤立與社交疏離，也談了創傷對人際關係的衝擊，現在你應該對幸福和生活滿意度有了更深一層的體悟。前幾章的內容比較屬於向內探求，而這邊講的是社交上的自我照護，所以執行起來會有點不同，畢竟還包含了其他人，事情會複雜些。

　　關注受到次級創傷影響的人際關係之起步，要先瞭解為什麼「孤立是常見但不健康的創傷反應」。創傷可能會讓當事人難以與他人好好相處，可是我們需要社會網絡來幫助我們復原，而「建立連結」是孤立唯一的解藥。

　　知道我們有時也會「自己孤立自己」也很重要，因為創傷會挑戰我們的自我感，而「自我疼惜」在此時就很關鍵，能幫我們和原來的自己重新連上線。

　　第三章的練習可以幫助我們消弭負面的想法，減少阻礙自我關懷的自我對話。第173頁的練習帶我們「體察他人的善意」，也可以從中找到善待自己的範本。

　　想要開始重建與親友的連結，可以使用第174頁說明的「傾聽技巧」。

　　重建自我關係是更深層的工程，不妨參考第176頁的「書寫提示」。

回到第178頁的練習，重拾荒廢的社交生活。

釐清「健康退縮」與自我孤立的差異。

參考第85頁的「價值觀練習表」，聚焦心中想要的社交生活，設計「社交計畫」，幫自己朝目標前進。拿出第187頁的表格，專注在最困難的社交行為上，擬出改變計畫，處理有難度的活動。

「平衡工作與生活」才會健康，容易接觸創傷事件的工作會需要更加留意。

珍惜工作上與他人的連結，「為工作關係評分」，試著去改善比較不好的那些關係。

詢問親友你的次級創傷對他們造成了什麼影響，請大家分享觀察到的東西。建議使用第198頁「結構式訪談的訪綱」來提問。

練習第200頁的「慈心冥想」，對自己和他人會更能感同身受。

使用第二章結尾第87頁的表格，記錄自我照護計畫與各階段的改變。

重點整理

- ☑ 就短期而言，孤立可能比較輕鬆，可是長期孤立會需要付出代價，而建立連結有助於走出創傷。

- ☑ 學習把對他人的慈憫（體恤關懷）套用在自己身上，療癒過程的情緒氛圍會更加舒心。

- ☑ 建立或重建與親友的關係不是不可行。穩固的社交樣貌會因人而異，但是最終的效果卻很一致，那就是人會變得更健康、更快樂。

- ☑ 身處創傷餘波可能會讓人養成逃避的習慣，而掙脫逃避模式最好的方式就是有系統地正面對決。

- ☑ 工作是我們生活不可或缺的一部分。學習去放大工作的如意，縮小工作的壓力，有賴持續的定期評估以及目標設定。

第六章

前方道路

　　這本書屬於復原指南。就像其他指引類的書，它不是讓人看過一次就擺回書架上的，而是有需要時，就能隨時拿出來翻閱。或者，大家也可以把這本書想像成路線圖，或許在你熟悉的地域它派不上用場，可是當你轉錯彎、繞遠路時，它就是能夠掏出來即刻救援的工具書。

　　走出創傷是走向緩解的旅程，緩解期的症狀十分輕微，輕微到處理起來易如反掌，已經不會對日常生活造成嚴重的影響。技術上來說，即使感覺到傷口癒合了，也很久沒有再出現令人不安的創傷症狀了，我們還是不會用「痊癒」來形容這時的狀態，因為高壓或是過量深入的創傷情境都有可能再次誘發症狀。不過，請不要因此擔心了起來，學習到的自我照護技巧都是你的靠山，在不好過的時候，更要悉心地照料自己，才能在壓力與創傷面前，展現強韌的恢復力。自我照護可說是抵抗創傷的良藥，而且你能決定自己的處方。

　　這章會幫助你建立適當的心態，持續完成這場撫平傷痛的耐力賽。你會學習如何記錄自己的成功，慶祝自己的進步；你會看透過往歷經的挑戰，看清迎面而來的難題；你會產生堅定的意志，用自己的成功經驗推進復原旅程。

長程展望

　　處理創傷遺留的殘局會是一生的課題，一旦進入緩解的階段，記得要持續一定程度的自我照護，才能保持在最佳狀態，這點非常重要。控制好症狀的同時，也請牢記這些原則並定期回顧，才能維持得來不易的身心健康：

留意觸發因子和症狀。沒有人比你更瞭解自己了，面對第二章找出來的**觸發因子**要保持敏銳的嗅覺，只要有任何創傷症狀再次浮現，都要能夠快速察覺才行。即使是在緩解期，許多創傷倖存者依然會經歷某種程度的創傷症狀，只是通常比較輕微，也比較好處理。如果懷疑影響自己的是新的**觸發因子**，或是症狀變得更嚴重、更頻繁，可以翻到相關的章節，去辨識、追蹤並管理新的狀況。只要感到壓力襲來或是創傷湧現，都可以採取預防措施，加強自我照護。

留意舊習慣是不是偷偷回歸。前面我們已經看到了，創傷後養成的習慣可能不是那麼健康，而你也努力在維護健康持續的行為，替換掉不良的習慣。可是這不代表舊的壞習慣就不會再回來了，所以需要保持警覺，小心別讓以前不好的習慣再度偷偷侵入你的生活，如：孤立與逃避、負面思考，或是

有違營養原則、良好睡眠、運動習慣的行為。檢視餵養壞習慣的情緒（第二章）與誘發壞習慣的想法（第三章），可以找親友確認，問他們有沒有注意到你的行為改變了，並試著接受他們的回應。這章後面會談到如何養成良好的習慣。

把自我照護放在首位。這句話你已經聽過了，但真的很值得再說一次：「自我照護是復原的基石。」

自我照護不是自私的表現，反而還是無私的行為，因為健康的狀態才能展現最好的樣子，也才能在親友面前與工作場合拿出最棒的那一面。想像天平一端乘載著全部的壓力，另一端乘裝著全部的自我照護，給自己的照護應該要大大超出壓力，才能在壓力意外變重時，讓天平朝著對你有利的方向傾斜。

留意並慶祝創傷後的成長。走到創傷緩解期的時候，很多人會發現自己長出了力量，多出了體悟。

根據北卡羅來納大學夏洛特分校（University of North Carolina at Charlotte）研究團隊的發現，我們可以從五個層面看到人在受創後展現的韌性：現在的自己比受創前更具韌性、更加堅毅，人際關係更加深化、領悟更多生命的意義、更能懷抱感恩的心、看見從前沒發現的新契機（Tedeschi、

Shakespeare-Finch、Taku、Calhoun，二〇一八年）。

期待改變。你對生命中什麼是有意義的想法可能會改變，這
也是成長的一環。從創傷中走出來後，這樣的轉變並不少
見。以前不可或缺的事物現在看來可能沒那麼重要了，現在
可能會有新的重心，投身新的理念，會開始提攜同事，甚至
是轉換跑道。傷痛撫平後，很可能會對以往毫不在意的微小
事物滿懷感激，這股新生的感恩之情可能會帶來前所未有的
深度喜悅。等到創傷症狀回歸平靜後，很可能會在生活的各
個層面都覺得自己變得更強大、更滿足。

記得自己所做的努力，這點非常重要。如果往後的工作或環
境常會接觸次級創傷，那麼就更加需要留心。把這本書和筆
記本放在隨手拿得到的地方，花時間回顧並思考在自己身上
看到了什麼。

練習　迄今最大的勝利

　　如果無法體認自己身上的重大改變，就會難以繼續走下去。透過練習，你會記下並慶祝復原這一路上學習到的事物。藉著這個機會為自己的復原成就喝彩，接受自己曾經掙扎過，感受克服重重障礙帶來的深度滿足。

　　參考下面的清單，把成功的經驗寫進筆記本，仔細思考自己從復原過程的各個層面學到了什麼。需要動力向前時，就把清單拿出來看一看，一面努力復原，也一面為清單添加成功經驗。

　　下面每個類別請列出至少五個成功經驗：

- 我注意到的症狀
- 我已經改善的症狀
- 我努力處理過的感受
- 我能更自在面對的感受
- 我努力調整的思考模式
- 我在思考上進步的地方
- 我努力改變的行動／行為模式
- 我努力調理的身體健康面向
- 我身體上進步的地方
- 我努力建立的自我照護新法

- 我努力經營的關係
- 我在關係上進步的地方
- 我努力改善的工作面向
- 我在工作上進步的地方
- 我變得更加強韌的證據

到目前為止最大的難題

　　這邊會練習去探索自己最困難的關係，把下表抄到筆記本上，詳細寫下所面臨的難關，最多四道就好。試著納入不同類型的創傷症狀：情緒、想法、身體、關係。回想第一次試圖解決難題的感受是什麼（翻開筆記本查看），目前進展到哪裡了，以及假想症狀如果完全消除，會是什麼樣子。

挑戰的面向：憤怒。

最糟的狀況：天天「發作」，家人相處起來如履薄冰，工作也因此惹上麻煩。

現在的狀況：一週「發作」不到一次，沒那麼強烈也沒那麼久，而且大多數的時候我都能有效地接住自己。家庭氣氛輕鬆，工作時也沒有再惹上麻煩。

假如症狀修復了的狀況：不再感到任何怒意。

這樣符合現實嗎？不，因為憤怒不會消失。

我的下一步：學習接納憤怒的情緒，相信自己可以有生氣的感受，但不需要有生氣的行為。

進步之路不一定總是康莊大道

留意自己的症狀，諸如長短、程度與頻率，這些對於復原都至關重要。如果原本容易掌握的症狀變得不好處理了，不要覺得是自己退步了，症狀再發更像是緩解路上會經過的彎道一樣，其實只要有留意到，改變的方向就能自己作主。可以把這些指引放在心上：

保持與人聯繫很有幫助的。可以考慮接受支持網絡的定期關照，以了解你目前症狀的嚴重程度。詢問親友是怎麼看待你的症狀，並和他們討論特定的症狀，如：憤怒或逃避，可以問他們：「你從我的憤怒表現（或是任何其他的症狀）看到了什麼？你覺得我有進步嗎？請告訴我一個例子。」告訴他們你最希望大家關照的面向，像是某種情緒或行為。讓他們知道，只要擔心的話，都可以和你分享看法。

落實自我照護，預防症狀再發。面臨更多的創傷或是承受重大的壓力時，都要密切觀察自己，努力貫徹能夠穩定情緒、維持安好的健康生活，落實睡眠衛生、運動習慣、冥想練習、飲食營養、支持系統等健康的做法。從工作行程裡撥空休息，減少加班，安排開心的活動讓自己充電。

可以考慮尋求專門處理創傷的治療師的協助，獲取照顧自己的技巧與要點，並尋求額外的社會支持。

可能會出現新的症狀。新的創傷或高度壓力可能會引發以前沒有的症狀，只要覺得可能出現了新的症狀，便可以拿出第一章分享的工具來因應。

新的壞習慣可能會取代舊的壞習慣。保持警覺心，避免拿不健康的新習慣去取代不理想的舊行為。譬如說，榮民照護中心的照護人員會打上好幾個小時的電玩，來逃避現實、麻痺自我。後來他學會處理自己的症狀，於是狀況逐漸好轉了，取而代之的是新的社交互動和新的運動習慣，就這樣過了幾年的時光。可是，現在緊繃的壓力找上門來，於是他找朋友出來，到酒吧喝杯啤酒聊一聊，兩人的互動對他來說很有幫助。可是接下來，下班後他還是會往酒吧跑，快快地喝上一杯，然後一杯變成了兩杯，最後演變成天天貪杯。酒精成了麻痺自己的新手段，反而讓家庭和工作增添了複雜的新問題。壓力罩頂、創傷來襲時，多多關注自己的行為，盡量做出健康的選擇。

培養新的習慣

大腦熱愛習慣，習慣就像是某種自動演算法，消耗少量的腦力就能執行熟悉的行為。根據習慣專家的說法，想要成功建立習慣有賴幾個重要的步驟。

第一，先決定生活裡要加入哪些行動。必須很明確，成果要可以追蹤、可以測量，像是「多運動」就太模糊了，「一星期上兩次健身房」或是「多走樓梯不搭電梯」才比較有機會變成習慣。

第二，幫新的習慣設立提醒的線索或觸發因子，這些訊號會提醒我們去從事理想的活動。最好能設計和習慣緊密相關的提醒，像是鬧鈴響起代表要去運動、健身包就擺在前門邊、下午和朋友散步當作是社會。提示越多，就越能強化習慣。

培養良好習慣的第三個要素是獎勵。給自己一點誘因，尤其是剛開始的時候。好的獎勵並不會破壞整體目標，譬如，去健身房就可以吃甜點屬於有損目標的獎勵，可是健身三次就幫自己換個更好的健身包則能增加動力。

培養健康的習慣時，需要耍點「聰明」（SMART）：

要明確（Specific）：目標或習慣必須夠明確，這樣才會知道自己在做什麼。「和家人拉近距離」聽起來很棒，可是要怎麼知道有沒有成功呢？不如換成問家裡每個人今天過得如何。

可測量（Measurable）：追蹤進展可說是關鍵的一環。延續上面的例子，或許可以定下平日回家要問家人三個有內容的問題，也就是一週裡要有五天達標，而且是每人三個問題。

可達到（Attainable）：記得第二章那位想要每天走上兩英里（約三千兩百公尺）的女生嗎？把距離縮成四分之一英里（約四百公尺）會合理許多。新習慣的養成不要太好高騖遠，否則會給自己太多的壓力。

要相關（Relevant）：如果目標對你來說沒什麼重要的意義，那麼就很難走得長遠。必要的時候，可以花時間寫下為什麼想培養新習慣，碰到想要放棄的時刻就把筆記拿出來看。

有時限（Time-bound）：好的目標都需要放進某條時間軸裡。給自己足夠的時間，才不會太過緊繃，但還是要設下時限，才會有要完成的壓力。時間跑完的話，永遠都可以再來一回合。

「聰明SMART」目標設定

　　這項練習能夠用比較正式的方式建立習慣，循著上面的「聰明SMART」架構，在筆記本畫出下面的表格，補上要達成目標的細節。依照經驗法則，每日習慣的養成，通常兩到三個星期就能成功，而每週習慣的養成，則可能需要幾個月才會生根。

明確的目標	一星期運動五天，每次二十分鐘以上
測量或追蹤的方法	寫運動記錄本
需要的資源	運動記錄本、運動鞋、健身會員資格
可以設計什麼提示？	早上上班時，順手把健身包放到門邊，設好運動前半小時的鬧鐘
達標需要多久？	要持續一生，可是建立習慣差不多只需要一個月
外在獎勵：暫時的動力	離開健身房後，上班的途中可以到愛店買杯咖啡犒賞自己
內在獎勵：這件事為什麼有意義？	自我感覺可以更加良好，可以睡得更好，可以變得更強壯

留意紅旗警訊

　　人都有比較辛苦的時候，尤其是有過創傷經驗的人，會更需要瞭解情境透露出的警訊，會更需要啟動自我照護。想處理好紅色警報（紅旗警訊），你可以：

瞭解自身的壓力耐受度。在一定程度的壓力之下，我們還可以維持正常運作，但是超過極限之後，正常的表現就會開始崩解。好好進行自我照護，遠離壓力承受範圍的極限，並誠實面對自己可以接受的壓力值。

建立應急計畫。萬一出現突發危機或是悲劇突然降臨，有時候壓力會失控，像是遇到親人死亡。這類情況可能會讓你無法維持正常運動、健康飲食、睡眠衛生、社交往來，但這時更需要加強自我照護，幫自己訂個能夠盡快回歸常軌的期限，也許逐一找回自我照護的策略會是不錯的做法，才不會一下子被壓垮。

重新排列不健康人際關係的順位。生命中，有些人可以帶出我們最棒的模樣，有些就⋯⋯嗯，還好。如果長時間相處的人老是讓你心情不好，平添過多的壓力，或是占據你太多

時間讓人無法顧到生活的其他面向，那麼就該拉開距離，遠離有害的人際連結。這時，反而應該把更多的時間騰出來，留給幫你灌注朝氣和活力的人。

找到適合自己的路徑

　　次級創傷的修復路程可能會因人而異，在邁向緩解的道路上，這些指引原則能幫你決定哪條路可以繼續走下去：

追蹤復原計畫非常重要。選擇適合自己的追蹤策略，回頭翻翻之前的練習活動，看看哪一種形式比較合意。拿出筆記本或是電子裝置，方便隨時捕捉復原相關的思緒、念頭和觀察自己即時的復原變化。定期和支持網絡接觸，遵守與自己開會的約定，可以先從一週一次開始，檢視追蹤記錄，並規劃下一步。

嘗試新的策略。偶爾換個新花樣，可以重燃積極修復的精神，設計出自我照護的新組合。譬如，開發新型態的運動，找出烹煮健康飲食的新招數，試著用裝置和儀式維持睡眠衛生，安排新的社交活動，學習新的冥想法和正念練習，也可以去買本新的筆記本，換個不同的應用程式來記錄創傷修復的練習。翻出書裡還沒做的練習和表格，因為之前自己還沒準備好，但現在可以來試試看了，也可以選個很久沒有碰的練習，然後再做一遍。

認識自己的阿基里斯腱，也就是致命弱點。希臘神話裡，戰士阿基里斯（Achilles）渾身刀槍不入，唯一的弱點就在腳後跟，而擊潰他的正是這一小處要害。

每位走過創傷的人都需要認識自己的脆弱之處，要知道最嚴重難耐的症狀是什麼，要知道最容易再度上身的壞習慣是什麼，像是人群非常容易會觸發你的創傷反應；沒有運動的話，你的情緒會異常焦慮；睡眠不足對你的影響特別大，所以更加需要關注睡眠衛生等等。因此，即使創傷症狀已經在控制範圍內了，還是要多費點心關照自己最脆弱的那幾點。

建立支持網絡

良好的社會支持能幫我們度過生命的低潮，雖然關關難過，但至少會比較好過。同樣地，身邊有人能夠一起慶祝勝利也是件很重要的事，因為表現特別好的時候，我們會希望有人看到。

從次級創傷康復，變得越來越好時，請回過頭來看第五章，並記得要「維持社交關係」。與親朋好友再次建立連結、與工作夥伴發展良好關係之後，可以開始啟動第185頁的社交計畫，嘗試拓展社交圈，增加多元性。朋友、同事、親屬、鄰居都能用不同的方式為你的生活加分。

如果想要和其他經歷創傷的人聊聊，「創傷互助會」（trauma support group）是很好的選擇，可以帶來不同的人際連結。醫生和治療師或許可以幫忙轉介合適的團體，不過，互助會的組織形式、聚會時程、費用與捐款規定等差異很大，最好的方式就是去試聽一次，避開氣氛負面或是場面混亂的互助會，也可以乾脆連續去個幾場，看幾次下來感覺有沒有比較好，如果狀況有起色，很可能表示你找到了不錯的互助會。

對很多人來說，「心理治療有其必要」，可以處理創傷當中比較棘手的課題。想在住家附近找到好的心理治療師可

能會花上一些時間，可以先詢問朋友和同事有沒有推薦的人
選，也可以打電話問保險公司，請他們提供推薦的名單。許
多公司也設有「員工協助方案」，或許可以從那裡拿到臨床
心理治療師的名單。

　　如果你去諮商，可是沒有感覺合意，不要放棄啊！──
唯有你和治療師的關係良好，才能發揮最佳的治療效果，所
以在找到合意的心理治療師之前，鼓勵你盡量嘗試。

結語

　　要怎麼知道書裡的建議有沒有效用呢？其實這些內容我都親身經歷過。我曾經症狀纏身，費盡力氣才遠離創傷反應，我努力學習去調整自我照護的方法，讓自己保持在緩解的狀態已經好多年了。

　　可是，後來我再度遇到了次級創傷，就在二〇一七年十月一日，我有個孩子肩膀中了槍，當時她正在拉斯維加斯（Las Vegas）參加「九十一號公路音樂節」（Route 91），但當下卻發生了大規模槍擊事件。執法單位向我說明事件細節與最新進展；女兒打來說她正在逃離事發現場——電話裡我聽到了尖叫聲和槍響……

　　我知道該怎麼處理創傷的後勁，所以就去找我的支持網絡聊聊，告訴他們我過得如何。

　　每天至少睡滿八小時，確保自己有好好吃飯。我寫下內心的想法，密切觀察自己的思緒。晚上我會上Youtube看單口喜劇，看到笑出聲來才會關燈睡覺。大概過了三個月之後，我減少工作時間，開始重建生活的其他面向，像是運

動、活躍的社交互動、打理家裡。

　　現在回頭看那次的經歷，我很感激自己在撫平創傷這塊處理得還不錯；你也可以開始相同的旅程。就在往前走的過程中，你將會發現自己變得更健康、更快樂，工作時煥然一新，還長出了助人的能力，同時也會真切地感受到：這就是自己最好的樣子。

參考文獻

American Psychiatric Association. 2013._Diagnostic and Statistical Manual of Mental Disorders_(5th ed.). Washington, DC: American Psychiatric Publishing.

Arnold, D., L. G. Calhoun, R. Tedeschi, and A. Cann. 2005. "Vicarious Posttraumatic Growth in Psychotherapy." *Journal of Humanistic Psychology* 45, no. 2 (April 1): 239–63.

Aspy, D. J., and M. Proeve. 2017. "Mindfulness and Loving-Kindness Meditation: Effects on Connectedness to Humanity and to the Natural World." *Psychological Reports* 120, no. 1 (February 1): 102–17.

Baum, N. 2012. "Trap of Conflicting Needs: Helping Professionals in the Wake of a Shared Traumatic Reality." *Clinical Social Work Journal* 40, no. 1 (March): 37–45.

Beck, J. S. 2011. *Cognitive Behavior Therapy: Basics and Beyond* (2nd ed.). New York, NY: Guilford Press.

Berzoff, J., and E. Kita. 2010. "Compassion Fatigue and Countertransference: Two Different Concepts." *Clinical Social Work Journal* 38, no. 3 (September): 341–49.

Breslau, N. 2002. "Epidemiologic Studies of Trauma, Posttraumatic

Stress Disorder, and Other Psychiatric Disorders." *Canadian Journal of Psychiatry* 47, no. 10 (December): 923–29.

Bride, B. E., M. Radey, and C. R. Figley. 2007. "Measuring Compassion Fatigue." *Clinical Social Work Journal* 35, no. 3 (June): 155–63.

Campagne, D. M. 2012. "When Therapists Run Out of Steam: Professional Boredom or Burnout?" *Revista de Psicopatologiay Psicologia Clinica* 17, no. 1: 75–85.

Cicognani, E., L. Pietrantoni, L. Palestini, and G. Prati. 2009. "Emergency Workers' Quality of Life: The Protective Role of Sense of Community, Efficacy Beliefs and Coping Strategies." *Social Indicators Research* 94, no. 3 (January): 449–63.

Clark, P. 2009. "Resiliency in the Practicing Marriage and Family Therapist." *Journal of Marital and Family Therapy* 35, no. 2 (April): 231–47.

Clear, J. 2018. *Atomic Habits: An Easy & Proven Way to Build Good Habits & Break Bad Ones.* New York: Random House.

Cloitre, M., K. C. Stovall-McClough, K. Nooner, P. Zorbas, et al. (2010). "Treatment for PTSD Related to Childhood Abuse: A Randomized Controlled Trial." *The American Journal of Psychiatry* 167, no. 8 (August): 915–24.

Duhigg, C. 2012. *The Power of Habit: Why We Do What We Do in Life and Business.* New York: Random House.

Friedman, M. J., P. A. Resick, R. Bryant, and C. R. Brewin. 2011. "Considering PTSD for DSM-5." *Depression and Anxiety* 28, no. 9

(September): 750–69.

Harr, C. 2013. "Promoting Workplace Health by Diminishing the Negative Impact of Compassion Fatigue and Increasing Compassion Satisfaction." *Social Work & Christianity* 40, no. 1: 71–88.

Hayes, S. C., K. D. Strosahl, and K. G. Wilson. 2012. *Acceptance and Commitment Therapy: The Process and Practice of Mindful Change* (2nd ed.). New York, NY: Guilford Press.

Kiecolt-Glaser, J. K., J. P. Gouin, and L. Hantsoo. 2010. "Close Relationships, Inflammation, and Health." *Neuroscience Biobehavioral Review* 35, no 1 (September): 33–38.

Koenen, K. C. and S. Galea. 2015. "Post-traumatic Stress Disorder and Chronic Disease: Open Questions and Future Directions." *Social Psychiatry Psychiatric Epidemiology* 50 no. 4 (February): 511–13.

Larner, B., and A. Blow. 2011. "A Model of Meaning-Making Coping and Growth in Combat Veterans." *Review of General Psychology* 15, no. 3 (September): 187–97.

Lasiuk, G. C., and K. M. Hegadoren. 2006. "Posttraumatic Stress Disorder Part I: Historical Development of the Concept." *Perspectives in Psychiatric Care* 42, no. 1 (February): 13–20.

Linehan, M. M. 2015. *DBT Skills Training Manual* (2nd ed.). New York, NY: Guilford Press.

Linley, P. A., and S. Joseph. 2007. "Therapy Work and Therapists' Positive and Negative Well-Being." *Journal of Social and Clinical*

Psychology 26, no. 3: 385–403.

Lloyd, C. and R. King. 2004. "A Survey of Burnout among Australian Mental Health Occupational Therapists and Social Workers." *Social Psychiatry Psychiatric Epidemiology* 39, no. 9 (September): 752–57.

Olff, M., W. Langeland, N. Draijer, and B. P. Gersons. 2007. "Gender Differences in Posttraumatic Stress Disorder." *Psychological Bulletin* 133, no. 2 (March): 183–204.

Pines, A., and C. Maslach. 1978. "Characteristics of Staff Burnout in Mental Health Settings." *Hospital Community Psychiatry* 29, no. 4 (April): 233–37.

Rae, G. 2010. "Alienation, Authenticity and the Self." *History of the Human Sciences* 23, no. 4 (August): 21–36.

Roberts, A. L., S. E. Gilman, J. Breslau, N. Breslau, and K. C. Koenen. 2011. "Race/Ethnic Differences in Exposure to Traumatic Events, Development of Post-traumatic Stress Disorder, and Treatment-Seeking for Post-traumatic Stress Disorder in the United States." *Psychological Medicine* 41, no. 1 (January): 71–83.

Rosenberg, T. and M. Pace. 2006. "Burnout among Mental Health Professionals: Special Considerations for the Marriage and Family Therapist." *Journal of Marital and Family Therapy* 32, no. 1 (January): 87–99.

Rytwinski, N. K., M. D. Scur, N. C. Feeny, and E. A. Youngstrum. 2013. "The Co-occurrence of Major Depressive Disorder among Individuals with Posttraumatic Stress Disorder: A Meta-analysis." *Journal of Traumatic Stress* 26, no. 3 (June): 299–309.

Scott, K. M., K. C. Koenen, S. Aquilar-Gaxiola, J. Alonso, et al. 2013. "Associations between Lifetime Traumatic Events and Subsequent Chronic Physical Conditions: A Cross-National, Cross-Sectional Study." *PLoS ONE* 8, no. 11 (November): e80573. https://doi.org/10.1371/journal.pone.0080573.

Slocum-Gori, S., D. Hemsworth, W. Chan, A. Carson, and A. Kazanjian. 2013. "Understanding Compassion Satisfaction, Compassion Fatigue and Burnout: A Survey of the Hospice Palliative Care Workforce." *Palliative Medicine* 27, no. 2 (February): 172–78.

Sprang, G., C. Craig, and J. Clark. 2011. "Secondary Traumatic Stress and Burnout in Child Welfare Workers: A Comparative Analysis of Occupational Distress across Professional Groups." *Child Welfare* 90, no. 6 (January): 149–68.

Tedeschi, R. G., J. Shakespeare-Finch, K. Taku, and L. G, Calhoun. 2018._Posttraumatic Growth: Theory, Research, and Applications._New York: Routledge.

Thompson, I. A., E. S. Amatea, and E. S. Thompson. 2014. "Personal and Contextual Predictors of Mental Health Counselors' Compassion Fatigue and Burnout." *Journal of Mental Health Counseling* 36, no. 1 (January): 58–77.

Titchener, E. B. 1916. *A Text-Book of Psychology.* New York, NY: MacMillan.

Tyson, J. 2007. "Compassion Fatigue in the Treatment of Combat-Related Trauma during Wartime." *Clinical Social Work Journal* 35, no. 3 (July): 183–92.

Umberson, D. and J. Montez. 2010. "Social Relationships and Health: A Flashpoint for Health Policy." *Journal of Health and Social Behavior* 51, no. 1 (October): S54–S66.

Van Der Kolk, B. 2014. *The Body Keeps the Score: Brain, Mind, and Body in the Healing of Trauma.* New York, NY: Penguin Books.

Walker, M. 2017. *Why We Sleep: Unlocking the Power of Sleep and Dreams.* New York, NY: Scribner Press.

謝辭

　　長途旅程的沿路上，都會有路標幫忙指引方向。同樣地，出現在我人生道路上的人也會在必要的時候提醒著我，讓我知道自己有在往前、有在進步。

　　剛踏進這門專業時，學校教授讓我培養出面對模糊未定的耐受力，也讓我意識到永遠不要太過執著於某些假設。步入臨床後，第一位督導老師蘇珊‧勒福（Susan Love）讓我學會了自我解嘲，也學會去欣賞每位個案身上人性的那一面。在我剛開始工作的精神醫院裡，精神科醫師讓我見識到了個案概念化時簡明呈現的重要，我也開始能享受這個過程。這幾年來，身邊許多同事幫助我更加重視照顧自己這件事，而且這件事不能停下來。藉由參加現在的同儕督導團體，我感受到了人際上的連結與支持，而這都是工作時的日常所需。

　　在我的孩子身上，我看到了那些我最喜歡自己的地方，克里斯多福（Christopher）、布魯斯（Bruce）、多米尼克（Dominic）、雪莉（Cherie）、雷蒙（Raymond）、派翠

克（Patrick），有了你們，讓我想要成為更好的人，雖然就和全天下的媽媽一樣，我做得或許還不夠好。有個臨床治療師媽媽並不容易，可是看來你們都適應得很好。不過，至少在這次寫書的期間，你們不用像當初我在攻讀碩士、博士時那麼辛苦。

　　我想對多年來的好朋友們說聲謝謝，你們提供了安定的支援，而且還是很棒的啦啦隊。我之所以能挖出許多內心深處的黑暗，更加瞭解親身克服的難關，正是因為能和你們促膝長談所致，像是喬地‧奧什（Jodi Ussher）、湯姆‧鮑地斯伯格（Thom Baltisberger），以及我的手足馬克‧吉伯特（Mark Gilbert）。沒有你們，就沒有今天的我。

　　最後，一定要感謝我的摯愛戴羅（Daryl），在寫這本書的時候支持著我，傾聽我所有的疑慮和挫敗，然後鼓勵我繼續寫下去。你會開心的去幫忙拿外帶，好讓我可以再多寫一點。──就像我一直說的那樣，自己是全宇宙最幸運的女人，因為我們找到了彼此。

　　最後，我一定要向執業二十五年來治療過的個案致敬，很榮幸能與各位一起努力，你們非常勇敢，在一次次一小時長的唔談裡，你們會分享自身的掙扎，而我則見證了你們的堅韌。──正是因為有你們，我才會對人的本質抱有信心。

自我照護計畫

改變面向	自我照護的明確策略	需要的資源	我正處在 改變的哪個階段？

自我照護計畫

改變面向	自我照護的明確策略	需要的資源	我正處在 改變的哪個階段？

國家圖書館出版品預行編目(CIP)資料

療癒次級創傷：助人工作者的自我療癒指南 / 楚蒂.吉伯
特-艾略特(Trudy Gilbert-Eliot) 著；陳映廷譯. -- 初版. --
臺北市：遠流出版事業股份有限公司, 2021.09
　面；　公分
譯自 : Healing secondary trauma : proven strategies for
caregivers and professionals to manage stress, anxiety, and
compassion fatigue
ISBN 978-957-32-9228-9(平裝)

1.心理治療 2.創傷後障礙症

178.8　　　　　　　　　　　　　　　110011684

療癒次級創傷
助人工作者的自我療癒指南
Healing Secondary Trauma:
Proven Strategies for Caregivers and Professionals to Manage Stress, Anxiety, and Compassion Fatigue

作　　者——Trudy Gilbert-Eliot PhD
　　　　　楚蒂・吉伯特－艾略特博士
譯　　者——陳映廷・陳怡君
審　　定——陳淑惠

主　　編——許玲瑋
編　　輯——謝承志
校　　對——魏秋綢
封面設計——兒日設計
內頁版型——口米設計
排　　版——立全電腦印前排版有限公司

發 行 人——王榮文
出版發行——遠流出版事業股份有限公司
地　　址——104005 台北市中山北路一段11號13樓
電　　話——（02）2571-0297　　傳　　真——（02）2571-0197
著作權顧問——蕭雄淋律師
ylib 遠流博識網 http://www.ylib.com

ISBN 978-957-32-9228-9
2021年9月1日 初版一刷　　定價320元
（如有缺頁或破損，請寄回更換）有著作權・侵害必究 Printed in Taiwan